増訂版

ライブ・エンタテインメントの社会学

―イベントにおける『受け手』と『創り手』の関係に着目して―

中川和亮　著

五絃舎

目次

序章　社会におけるライブ・エンタテインメント

一．ライブ・エンタテインメントとは

（1）本研究の背景

ソーシャルメディアが社会に浸透し、その場に存在しない人とのコミュニケーションが容易になった。たとえば、ソーシャルメディア上に、マラソン大会やトライアスロンなどに出場したことや、コンサートや芝居などを鑑賞したことを参加者が写真などとともに投稿する現象が散見される。その行為1つ取り上げただけでも、ひとびとは日常生活を与えられた状況を受動的に過ごすのではなく、自らの意思で発信して相互交流を図ろうとしている。

天野正子は、ひとびとが社会構造において受動的に所与の条件を受け入れるのではなく、主体として社会構造を創りかえ新しい社会の形を創りだすひとびとを生活者とみなした（天

野１９９６，２０１２）。企業や行政主導型の生活文化を享受するのではなく、「価値や行動様式、ライフスタイルを模索していく」（天野 ２０１２：36）可能性をひとびとは有している。本研究では、天野の議論にしたがって、ライブ・エンタテインメントに参加するひとびとを生活者とみなす。ではイベントとは、そこに参加した生活者にとっていかなる価値を有するのであろうか。

永井純一が、イベントを「不確実で不安におおわれた現在と、不安定な自分を、少しでも肯定する」（永井 ２０１６：216）と表現しているように、イベントは社会への不安を回避する逃避の場としてあるのだろうか。それともR．D．パットナムが生活者のつながりをいかにして創り出すか、という課題を解決するために、「文化的活動に（単に消費したり「鑑賞」したりではなく）参加することが保証されるような方法」（Putnam 2000=2006: 510）としてイベントの可能性を表現したように、イベントへの参加という非日常経験は、生活者の日常生活にとって、単なる慰安以上の意味を持ちうるものだろうか。

出島二郎によれば商業化された多くのイベントは「カミなき祭り」（出島 １９９７：231）である。さまざまな事例の検討の結果、多くの商業化されたイベントとは偽の祭であり、ほんものの祭には敵わないと指摘している。その理由は明示こそされていないが、祭りにあってイベントにないものは、主催者と受け手の関係性の強度であることが読み取れる。つまり多くの商業イベントがその場で終始し、地域に根付いていないことが示されているのである。

だが、イベントとは一過性のものに過ぎず、ひとびとの生活を豊かにし、社会全体に益をもたらす可能性が薄いと判断するのは早計だろう。たとえば、地域活性化という文脈において、１９８７年国土庁（当時）が「第四次全国総合開発計画」を発表し、イベントの活用が地域づくりのために有益であるとの見解を示した。それを契機として、地域活性化を目的としたイベントが多く開催されるようになった（阿南 １９９７）。芸術、スポーツ、祭りなど地域活性化イベントも多種多様である。その中でも、長らく持続しているイベントもあれば単年で終わってしまうイベントもある。一般的に、イベントの理念が、観光客ではなく、地域住民（その地域の生活者）に向けられたものであったほうが、イベントはその地域に根付く可能性は高くなる（小松 １９９７）。とはいえ観光客など地域住民以外の生活者をどれだけ呼び込めるかはイベントの活性化、持続可能な発展にとって大きな問題である。

本研究では、経済的な活動、すなわち商業ないし消費活動としての側面を有することの多いイベントが、単なる営利目的やその場限りの慰安だけにとどまらず、いかなる点においてひとびとの生活や社会全体資するものになりうるのか、その可能性を検討していきたい。

（2）本研究における「ライブ・エンタテインメント」

音楽やスポーツをはじめとして、祭り、ワークショップ、博覧会、展示会、会議などイベントの範囲は広い（宮本 2008）。さまざまな形態のイベントの中でも、本研究は、「観るひと」と「するひと」が集うイベントをライブ・エンタテインメントと定義し、その社会的意義を検討していく。

では、「ライブ」なイベントとは、どこまでがライブなのか。イベントにおける「ライブ」とは、「受け手（participants）」[1]と「創り手（creators）」[2]が同期する形態である。しかし、テクノロジーの発達によって、イベントにおける「ライブ」の多様化が散見される。たとえば、実地においても、会場が大きければ会場内のモニターを通じて、「受け手」は出演者と同期することもあれば、イベントの中継を通じて、飲食店や他の会場で「受け手」が集まり、出演者と同期することもある。あるいは、自宅で、ニコニコ動画における生放送などパソコンの画面を通じて同期することもありうる。つまり、イベントにおいて、「受け手」同士あるいは「受け手」と「創り手」はその場／メディアを通じて同期しているのである。本研究が照射するのは、生活者が「受け手」としてイベントに参加することによる「創り手」との「同期」であり、その「同期」がいかに「受け手」の日常生活に関係しうるか、という点である。

一方「エンタテインメント」[3]とは、Longman Dictionary of Contem- porary English

によれば、①楽しむという感覚を刺激し、興味をもたせるような行動や組織　②楽しむという感覚を刺激し、興味をもたせるような公の場におけるパフォーマンス、とある。本研究では、この定義に従い、「するために参加」（スポーツ競技会、ダンスコンテストなど）、「観るために参加」（音楽コンサート、演劇など）しているイベント全般を「エンタテインメント」の対象とする(4)。加えて、生活者にとって「ライブ」な「エンタテインメント」は、自然発生的なイベントや伝統行事から派生したイベント、企業が社会貢献を目的として開催するようなボランティア活動なども含まれうる。本研究が焦点をあてているのは、ライブ・エンタテインメントの社会的意義である。さらに言えば、商業的側面を有するライブ・エンタテインメントにおいて、「受け手」の主体性とはいかなるものか、という点である。したがって、商業化されたライブ・エンタテインメントだけでなく、非商業的なライブ・エンタテインメントも視野に入れつつ、「受け手」と「創り手」の関係を多角的に検討していく。

(3)　本研究の視点と本書の構成

本研究は、社会を構成するさまざまな側面から生活者の日常生活におけるライブ・エンタテインメントの社会的意義を考察することが課題であり、課題を検討するうえで着目する点は主に3つある。

エンタテインメントという言葉が社会に定着する前から、日本には「娯楽」という語が存在する。新版増補版『社会学小辞典』（有斐閣）によれば、「娯楽」とは、慰安と快楽をもとめる人間的欲求を充足させる活動であり、単調になりがちな生活の繰り返しに活気を与え、肉体・精神両面に新しいエネルギーを注ぐ機能がある反面逃避的態度を促進する。

本稿において娯楽ではなく「ライブ・エンタテインメント」の語を用いるのは、イベントへの生活者の能動的な参加に注目するがゆえであり、本研究における第1の課題は、ライブ・エンタテインメントにおける「受け手」の能動性の諸相を明らかにすることである。

「受け手」の能動性という議論は、マス・コミュニケーションをはじめ、さまざまな領域で研究がおこなわれている（石川 2001；佐藤 2008）。たとえば高橋利枝によれば、メディアエンゲージメントという観点からメディア接触を捉え、①情報探索行動、②結合性、③自己世界の創造、④擬似社会相互作用、⑤利用、⑥解釈、⑦参加、という要素により情報の受け手（オーディエンス）は能動的にメディアに接触する（高橋 2007）。つまりオーディエンスにとっては、メディアからの情報を単に受け取るのではなく、その情報を自らの意思で必要／不必要に分けているのである。同様に余暇・自由時間において、「受け手」は自らの意思でライブ・エンタテインメントを選択してもいる。本研究では、「受け手」の「自らの意思」による「能動性」はいかなる文脈で捉えうるか、に着目し、ライブ・エンタテインメントを検討する。

本研究の2つ目の視点は、生活者にとって非日常経験であるライブ・エンタテインメントの日常生活への連続性という点であり、この視点は、第1の課題であるライブ・エンタテインメントにおける「受け手の能動性」と深く連関している。ライブ・エンタテインメントにおける「受け手の能動性」とは、その場限りで終始するだけのものなのか、あるいは日常生活につながる機会になりうるか、という点である。

現代社会において、生活者がライブ・エンタテインメントに参加する機会をいかに捉えることができうるだろうか。嶋根克己は、文化を享受する場の非日常性を社会―個人、予測可能―予測不可能という4象限で捉えている[(5)]（嶋根 2001）。嶋根によれば、特別な場であり、特別な時間である非日常が、資本主義に則った商業活動となり、日常的に管理されるようになった。そして嶋根による、

若い世代にとっては、この社会はいかなる「非日常的な」出来事も起こらないかのような平板で退屈な社会と化しているかのようである。（嶋根 2001：34）

との指摘は、企業が非日常の場を商業活動に活用した結果、非日常な出来事が日常化した状

況を示している。都市のなかで非日常を演出する音楽イベント「都市型パリピフェス」が『日経トレンディ』２０１４年11月17日号の２０１５年ヒット予測ランキング12位に選ばれるなど、「創り手」は生活者の需要に応えるべく、「受け手」に非日常な機会を提供する（Luhmann 1997=2009）。生活者は、非日常の場が日常化することにより、定期的かつ簡易に非日常の場に参加するようになったのである。生活者は、非日常の場が日常化することにより、定期的かつ簡易に非日常の場に参加するようになったと多くの社会学者が指摘している（鈴木２００５；永井２０１６）。本稿では、生活者にとっての「日常／非日常」という観点からも、ライブ・エンタテインメントにおいて「創り手」はいかに生活者との関係を築いていきうるか、を検討していきたい。

そして、ライブ・エンタテインメントにおける「受け手」の能動性、日常／非日常の関係を検討するうえで、その経済活動としての側面は看過できない。したがって、本稿でライブ・エンタテインメントの諸相を検討するうえで、ライブ・エンタテインメントに商業ないし消費活動としての一面があることを前提に、「受け手」と「創り手」はいかなる関係を築きうるか、という第3の視点が必要となってくる。当然ながら商業的側面を排除しても、ライブ・エンタテインメントは成り立つ。だが、いかにライブ・エンタテインメントが商業的な意図と共存しているのかという視点は、先の２つの視点と密接に関連していよう。本稿では、ライブ・

エンタテインメントとしての消費活動的側面を生活者の余暇・自由時間という観点から検討していく。

ライブ・エンタテインメントにおける「受け手」と「創り手」の関係を以上3つの視点から検討するために、本稿で補助線にしたのは、M. チクセントミハイのフロー理論である。フロー理論の議論の中心は、「楽しさ（enjoyment）」という行為が生活者にもたらす「内発的報酬（intrinsically rewarding）」の意義を、ロッククライミングなどの余暇・自由時間における活動や日常の仕事・労働など数多くの事例を考察することによって見出すことであった（Csikszentmihalyi 1975=2000, 1990=1996）。チクセントミハイは、日常生活を「構造化された時間」と「構造化されていない自由時間」に分け、「構造化されていない自由時間」を能動的に過ごすことにより、生活者は「内発的報酬」を獲得し、その経験が「構造化された時間」に影響を与えうることを示した（Csikszentmihalyi 1996）。

ライブ・エンタテインメントにおいて、「楽しさ」とはいかなるものであるのか。チクセントミハイのフロー理論を参照し、理論的枠組みを示したうえ、フィールドワークを通じて、ライブ・エンタテインメントが生活者にとっていかなる意味づけがなされるのか、ということを検討する。本研究は、多岐にわたる分野のライブ・エンタテインメントを横断することにより、「受け手」と「創り手」のかかわり方の差異を検討し、ライブ・エンタテインメントに参加した「受け手」の経験と日常生活の関係を明らかにすることを目的にしている。

本論文の構成は、第1章ではライブ・エンタテインメントに関連する先行研究のサーベイを通じて、前述の3つの視点をより詳しく検討し、第2章での事例分析へと展開し、第3章にて本研究の到達点と今後の課題を示す、というものである。第2章においてライブ・エンタテインメントの具体的様相を記述するために選定した事例はいずれも、多くの人の余暇・自由時間において、「創り手」によって頻繁に機会が提供されている①スポーツ、②音楽、③演劇、④祭り、の4分野である。これら4分野には、「受け手」と「創り手」の役割が完全に分かれている事例と「創り手」と「受け手」の役割が明確に区別されていない事例が含まれている。「受け手」・「創り手」双方の声を聞き取りすることにより、ライブ・エンタテインメントの社会的意義を明らかにしていきたい。

また、本章の補論「商業及び消費活動としてのライブ・エンタテインメントの現状と広告主の役割」では、産業としてのライブ・エンタテインメントの現状を概観している。そして、本稿全体の付論「ライブ・エンタテインメントが求められる社会的背景」では、ライブ・エンタテインメントを考える上での論点や、現状の諸相をまとめている。

補論　商業および消費活動としてのライブ・エンタテインメントの現状と広告主の役割

(1) ライブ・エンタテインメントの現状

ライブ・エンタテインメントを経済的活動という観点から捉えるならば、「創り手」にとって主な収入源は、主に2つに分けうる。ひとつは、入場料や物販・飲食という「受け手」からの直接収入、もうひとつはB to Bのスポンサー収入（主催・協賛）や放映権収入、関連企業からの出資などである（ぴあ総合研究所 2009）。直接収入に関しては、ライブ・エンタテインメントの市場規模は、チケット収入という点だけでも5862億円[6]であり一大市場をなしていると言える。一方、B to B収入は、景気後退の影響により、協賛や投資といった資金流入面において撤退や減額が生じている（ぴあ総合研究所 2009）。B to B収入に依存できなければ「受け手」からの直接収入に頼らざるを得ないので、昨今ライブ・エンタテインメントにおいて、入場料の高騰が顕在化している（宮入・佐藤 2011）。

チケット高騰の理由として、ライブ・エンタテインメントの実演団体が資金不足に陥っていることがあげられる。たとえばぴあ総研は、「生産性の上昇を図ることが他の産業に比べて困難なためである。たとえば、舞台技術がどれほど進化してとしても、たとえば演奏所要時間1時間の四重奏を、奏者3名に減らしたり、演奏時間を45分に短縮したりして、生産性向上を図るなどということは不可能である」（ぴあ総合研究所 2005：37）と指摘している。「受け手」に設備等物理的に充実したライブ・エンタテインメントを提供するためには、内容に応じて費用も加算される。その費用をスポンサー収入や放映権収入でまかなえない場合、入場料を高く設定せざるを得ない。しかし、入場料が高騰すると、売上が落ち込むという「ライブ・エンタテインメント産業のジレンマ」[7]とも言える状況に陥りうる（西田 2007）。では、ライブ・エンタテインメント産業は、いかに「チケット価格の高騰化」に向き合っていきうるだろうか。

ライブ・エンタテインメントを産業として捉えると、「チケット価格の高騰化」を防ぐための手段として、公的支援の動向は検討に値する。我が国における文化芸術支援に関しては、1966年に文部省内に文化局が設立され、1968年に文化庁が設立された。しかし、初期の文化芸術支援は、全国各地の文化施設建設が中心であり、文化施設の運営費や、文化芸術創造への支援、享受者への補助は後回しの感があった（ぴあ総合研究所 2005）。1990年に文化芸術振興基金と企業メセナ協議会が発足して活動本体への支援が本格化し始めたが、日本の文化芸術政策は補助金額自体が少ない上、助成の基準や評価が不明瞭であった。こうした現状の要因をぴあ総合研究所は、米国型の民間主導でもフランス型の政府主導でもなく中間的な状態であると指摘している（ぴあ総合研究所 2005）。

文化を公的支援という観点から捉えるならば、文化庁全体の予算でみると、2020年度約1067億円である[8]。フランスは国家の全体予算の1%以上が文化芸術に保障されていて長期的な展望に立った文化政策が可能である。日本の2020年度国家予算（一般会計概算予算額）は、約105兆円[9]だが、仮にフランス型の文化支援がおこなわれたとすれば、約1兆円が文化振興にあてられることになるので、単純に比較することはできないにしても国家による公的支援の差は歴然としている。一方で米国では、民間資金への依存により、好況期には潤沢な資金がもたらされるものの、不況になると資金が減少しがちになる（ぴあ総合研究所 2005）。こういった状況のなかで、日本においてチケット価格の高騰化を防ぎ、「ライブ・エンタテインメント産業のジレンマ」を回避するには、「創り手」はいかなる手段をもって対応しうるか。費用負担の問題は、ライブ・エンタテインメントが社会に浸透するためには課題となる[10]。

(2) ライブ・エンタテインメントにおける広告主

生活者の消費活動という観点からライブ・エンタテインメントを捉えるならば、おもにそれは、主催者、広告主などの出資者、参加者によって成り立っている。では、この三者はいかなる関係性を築いてライブ・エンタテインメントを成り立たせているのか。C.Anderson は生活者の消費活動において参加料が無料になる仕組みのひとつとして三者間市場をあげている(Anderson 2009=2016)。本来イベントが実施されるためには、その費用を捻出する必要がある。主催者は、参加者（受け手）からの入場料、企業など広告主からの協賛金のほか、行政などからの助成金[11]やTシャツなどの販売による利益などを主な原資にしている。Anderason による三者間市場の理論を踏まえるならば、ライブ・エンタテインメント主催者の理念に賛同した広告主からの協賛金によって、参加者は無料でライブ・エンタテインメントに参加することができうる。しかし、主催者がライブ・エンタテインメントへの理念を強くもっていたとしても協賛する広告主がなければ資金難から実施に至ることは困難となる[12]。では、広告主にとってライブ・エンタテインメント協賛は、いかなる意味づけがなされうるのか。

主催者はライブ・エンタテインメントの理念を揚げ、その理念に生活者が参加する。広告主はライブ・エンタテインメントの理念に賛同し、協賛する。ライブ・エンタテインメントの場は、生活者と広告主が交流する機会となる。ライブ・エンタテインメントを三者間市場と捉えるならば、①広告主が主催者のライブ・エンタテインメント理念に賛同、②主催者が参加者（生活者）とライブ・エンタテインメント理念の共有、という点から生活者と広告主によるコミュニケーション形態は踏まえられなければならない。

イベントにおける広告コミュニケーションは実際その場で広告主と生活者によっておこなわれるコミュニケーションであり、その両者の関係のあり方は広告効果を大きく左右する。

かつての広告主や広告産業に言及している研究では、生活者にとって広告は有害であるとの指摘が散見されるが、広告主と生活者の関係性に変化が生じたことに起因すると言えよう(Lasn 1999; Klein 2000)。モノが不足し、モノが家庭にない状況下で、企業の情報発信の役割は、生活者にモノによって生活が改善されるというメッセージを伝えることであった（三浦２０１２；間々田２０１６）。モノが不足し、その情報を伝えることにより、生活者の購買意欲は促進される。そして、生活者はモノを購入することで生活が改善される。つまり、「疑い深い消費者」（佐藤２００８：72）が顕在化するまでは、広告主と生活者には共感に基づく関係が築かれていて、広告コミュニケーションの社会的意義は確立されていたのである。

しかしながらモノが社会にある程度いきわたり、メディア環境も変化した。その状況に付随して広告コミュニケーションでは、生活者を画一的に捉えるのではなく、ひとりひとりからいかに理解されているのか、に注意が向けられるようになった。その結果、生活者が能動的に豊かさを創りあげるために送り手が寄り添うという現象というも生じた。つまり、メディアテクノロジーの発達とモノがある程度生活者に行き渡った社会において、広告コミュニケーションの新たな社会的意義が問われるようになったのである(13)。

（3）共感に基づくコミュニケーション

広告する媒体の金銭的価値は、生活者が注目する媒体で効果が見込まれれば見込まれるほど高くなる。したがって、多くの生活者に一度に伝わる媒体（特にゴールデンタイムにおけるＴＶ番組）は、広告枠として金銭的価値が高い。とは言えメディアテクノロジーの発達により、ＤＶＤでの録画視聴やスマートフォンによる視聴など視聴形態が多様化し、広告への注目度を容易に推し量ることは以前に比べて困難になった。

その中で佐藤尚之は、広告主と生活者によるコミュニケーションの多様化におけるつながりの重要性を示している（佐藤 ２００８）。佐藤によれば、一方的な情報を受け取らなくなった生活者に対して、生活者と接触できる点でコミュニケーションをして、生活者同士のつながりから情報を生活者自らボトムアップし、結果的に広告主と生活者によるつながりが形成されうるという。それは、生活者が情報を検索して、広告主が伝えているメッセージを事実として認識しうるかという生活者の情報に対する能動性に着目しているコミュニケーション形態と言えよう。つまり、情報への共感を通じて生活者の実感に留意したコミュニケーション設計がおこなわれているのである。

芳賀康浩・井上一郎は、企業による社会貢献への取り組みをマーケティング戦略として展開した Social Good キャンペーンの効果について検討した（芳賀・井上 ２０１４）。約３００サンプルの調査結果に基づき検証した結果、広告主が社会貢献を目的としたキャンペーンを実施した結果、共感を表わす反応が大きかったことを示したことを明らかにした。芳賀・井上は、企業による社会貢献の事実を生活者に伝えることが商品選択・購入につながり、広告効果として価値があることを実証したのである。つまり、社会貢献につながる商品を購入することで、生活者自身も社会貢献の一翼を担う実感を得ているのであり、生活者は社会の一員であるという実感を求め、社会との接点を探しているのである（阿久津ほか 2012）。

企業による生活者とのコミュニケーションは社会的背景を把握しつつ設計がおこなわれる。つながりに着目したコミュニケーション形態は、前出の佐藤以外にも山田昌弘・袖川芳之、今村直樹、並河進なども示しているが、共通しているのは社会に資する広告主の姿勢と、それに対する生活者による共感という視点である（山田・袖川 2009；今村 2012；並河 2014）。

並河が指摘しているように、大量生産・大量消費されることを目的としてつくられた商品にはコストをかけて伝える人数を最大化できるTVCMは効果的に作用したと思われる（並河 2014）。しかし、企業（広告主）が生活者とともに社会問題を解決しようとしたならば、企業が生活者とつながり、生活者との間に共感を形成する場の提供がなによりも必要であり、15秒、30秒のTVCMは最適とは言い難いと言えよう。つまり、生活者同士もしくは広告主と生活者とは、何らかの実地で関係を生成しうるのであり、ＴＶＣＭは付随的な役割しか果たさないのである。

（４）ライブ・エンタテインメントにおける社会貢献

社会貢献のためにライブ・エンタテインメントの機会が設けられることはかつてからあった。たとえば飢餓で苦しんでいる国に生活者の目を向けさせ啓蒙しようとするために音楽イベントが開催されることがあるなど、「創り手」からのメッセージを生活者（参加者）が受けとるライブ・エンタテインメントは、「創り手」と生活者がコミュニケーションする場となる。しかしながら、主催者のライブ・エンタテインメントの理念に対して広告主の意向が強く働くとその理念が崩れうる[14]。とはいえ商業的側面からライブ・エンタテインメントを捉えるならば、主催者がライブ・エンタテインメントを継続的に運営するためには、資金面で広告主の役割は小さくはない。広告主は、ライブ・エンタテインメントにおいて生活者とコミュニケーションをおこない、ライブ・エンタテインメントに参加している生活者とコミュニケーションを図ることで広告効果を得ることを期待する。

ライブ・エンタテインメントの場において、広告主は商品・サンプル・チラシ配布などの販売促進活動、あるいは企業・商品名露出などブランディングを目的として協賛してきた（難波１９９８；Lehu 2007; Dennis et al. 2009）。広告主は、コミュニケーションをとりたい年齢層や嗜好など想定するターゲットが参加しそうなライブ・エンタテインメントを選定する。協賛する広告主にとってどれだけそのライブ・エンタテインメントがふさわしいか、スポンサーフィットという観点から研究はすでに多くある（Stipp and Schiavone 1996; Ferrand and Pages 1999; Gwinner and Bennett 2008; 山口ほか２０１０）。しかしながらこれまで広告主と生活者の関係を検討してきたように、生活者は広告主からの一方的なメッセージを受け入れにくくなってきた。すなわち従来の研究ではライブ・エンタテインメントに協賛する企業のイメージが受け手に影響を与えうることは示されたが、参加者、主催者、広告主の３者が包括的に検討されてきたとは言いがたい。

ライブ・エンタテインメントにおける経験は、「受け手」の日常生活につながりうるのか、あるいは瞬間的にその場で終わってしまうのかは、主催者がそのライブ・エンタテインメントに込めた理念によって大きく変わってくる。たとえば地域活性化という文脈において、社会学の分野からイベント研究が進んでいるが、吉澤弥生は、行政のかかわりによって、芸術が生活者に浸透しまちが活性化しうるかを、多くの事例をもとに検討している（吉澤２０１１）。吉澤によれば市場原理に委ねるのではなく、行政の文化政策のもと、ＮＰＯ、企業、地域住民が協働していくことが可能性を見出しているという。しかし、ＮＰＯ団体の雇用形態など主催者のライフスタイルにかかわる問題なども指摘されており、行政の文化政策が必ずしもイベント主催者の思いに直結するわけではないことが示されている。

宮本結佳はアートが美術館だけで鑑賞するものではなくなり、生活者の日常生活に密接にかかわってきた過程を緻密に検討し、アートによる地域活性化の可能性を示した（宮本2018）。そこでは、企業による場の提供という形態で、地域住民が能動的に地域活性化にかかわっていく可能性が捉えられており、地域活性化という文脈で芸術祭を取り上げられている。しかしながら、宮本によればイベント開催期間中は多くの参加者で賑わうが、主催者の理念がイベントに浸透せず、結果的に地域住民当事者にとって地域活性化に至っていないのである。

吉澤と宮本の議論からは行政や企業が地域活性化を推進することは文化の発展にとって非常に重要な要素になる反面、企業はあくまで副次的な見返りを期待しないイベントの支援者としての役割以上の存在でないことが浮上するのである。もしそうならば企業は文化を支援するイメージでしか広告コミュニケーションは成立しない。

ライブ・エンタテインメントにおける三者間市場で、広告主はいかに主催者の理念に賛同し、ライブ・エンタテインメントへの協賛を意味づけうるか。商業的側面をともなうライブ・エンタテインメントの社会的意義を検討するうえで、主催者と広告主という「創り手」同士の関係性、主催者あるいは広告主と参加者という「創り手」と「受け手」の関係性を詳細に検討していく必要がある。

(5) ライブ・エンタテインメントにおける方法論としての広告コミュニケーション

①広告コミュニケーションにおける「リアル」の活用

ライブ・エンタテインメントにおける広告コミュニケーションとしては、商品や試供品などをその場で配るサンプリング、モニター画面を活用したCM放映、企業名やブランドなどの看板をテレビ放映に露出することを前提にしたロゴ・プレイスメント、特設ブースでの商品展示などがあげられる[15]。

たとえば、サンプリング、商品展示などは、コミュニケーションを図り、「受け手」の反応を直接把握することが可能である。その反面、face to faceであるがゆえに、会場の「受け手」にコミュニケーションが限定されてしまう。仮に、会場に1000人参加者がいた場合、物理的に1000人としかコミュニケーションすることができない。一方ロゴ・プレイスメントはライブ・エンタテインメントの「限定的なコミュニケーション」という弱点を補うために、TVを活用することでより多くの生活者に認知を促す方法である（難波 1998；Lehu 2007）。

テレビ、ラジオ、新聞、雑誌のいわゆる「マス4媒体」で広告コミュニケーションが成り立った時代には、TVを活用したロゴ・プレイスメントは、広告主のブランディングという点で効果があった（Lehu 2007）。しかし、「受け手」の変容に留意するコミュニケーションの状況下で、より多様性に富んだコミュニケーションを図る課題、つまり生活者にトップダウンされた情報ではなく、いかに生活者が情報をボトムアップしていくかが課題に対して、ライブ・エンタテインエントの特徴である「生活者による交流」という観点から、感情に留意した広告コミュニケーション展開が見受けられるようになった[16]。

たとえば、「face to face」の特徴を活用したものとして、2011年11月28日のTHE BAWDIES（ザ・ボーディーズ）[17]の東京武道館コンサートでのグリコの協賛の事例は、ライブ・エンタテインメントを広告コミュニケーションとして活用する事例として検討に値する。グリコのTVCMにザ・ボーディーズが出演し、WEBとも連動させるクロスメディアでのコミュニケーションである。それに加えてグリコがザ・ボーディーズのコンサートに協賛し、コンサート会場で限定の商品を配布するという展開である。ライブ・エンタテインメントの「創り手」はいかなる意図をもって広告コミュニケーションをおこなおうとしているのだろうか。

この仕掛けの焦点としては参加者に手に取ってもらったものを家でどうするかということです。つまり、家に帰って（コンサートが）心に残ってどう購買に結び付けるかというところに注目しています。（中略）参加者が嬉しい顔をしているのを見ると、われながら成功したイベントであったと実感しています。ＣＭをきちんと打って、ＷＥＢでも展開し、ストーリーをいかに創り上げていくかによってこのイベントが活かされたと感じています。イベントを一過性のものではなく、一連の広告展開の中でイベントをいかに活用するかが重要だと思いました。（中略）持って帰った商品は机なり家に間違いなく置かれていて、それを参加者がソーシャルメディアにアップして広がっていく(18)。

「創り手」の発言が示しているのは、ザ・ボーディーズの東京武道館コンサートにおけるグリコの広告コミュニケーションの事例は、会場における商品のサンプリングや展示ということではなく、「受け手」が日常生活に戻ったあとに、「思い出」とともに商品パッケージを残しておくという行動に照準をあわせたものということである。その場で完結するのではなく、「受け手」にとって、ライブ・エンタテインメントの思い出という「事実」とともに企業の商品ブランドの名前も目にみえるかたちで残るという仕掛けである。加えて、イベント限定の商品という稀少性が加味されるので、「受け手」はソーシャルメディアを通じて他者に知らせる、という行動に至る可能性が高い。

メディアテクノロジーの発達によりソーシャルメディアが普及した社会においては、生活者の能動的な関与は不可欠となる[19]。ライブ・エンタテインメントでの経験をソーシャルメディアが補完することによって、「受け手」、「広告主」、「その場に参加していない生活者」という3つの要素の相互コミュニケーションが成り立つ。加えて、なにより広告主が生活者とコミュニケーションをおこなううえで留意すべきなのは、広告主からトップダウンされた情報ではなく、ライブ・エンタテインメントでの「事実」が「受け手」から（その場に参加していない）生活者に伝わるという点であり、広告主にとって、「事実」という側面から（ライブ・エンタテインメントの場にいない／いなかった）生活者とコミュニケーションしうるのである。生活者がライブ・エンタテインメントの場に参加した経験を、（その場に参加していない）生活者にソーシャルメディアなどを通じて、「事実」を伝えることにより「受け手」、「広告主」、「その場にいない生活者」のコミュニケーションが成り立つのである。

②ライブ・エンタテインメントとマーケティングの関係

インターネットの普及により、生活者はマスメディアを通して送られてきた情報を従順に受け取らなくなった。生活者は、何か疑問が生じたら、「ググって」（検索エンジングーグルでキーワードを入力し、情報を得る行為）主体的に情報を検索することが可能になった。一次情報を含む情報が豊富に提供されるようになり、情報の送り手である広告主・広告会社などの送り手から生活者に一方向であった情報の流れが、生活者が情報の送り手としても機能するようになったのである。このことを、１９６０年代に鶴見俊輔は以下のように予見している。

政府と広告とは、たがいに手をとりあって、今の社会における惰性の支配を、魅力あるものに見せようと宣伝をつづける。その宣伝がマス・コミュニケーションにのるわけだ。このようにかざられた社会像にたいする批判は、その社会と関係がないと感じられている自分、その私性からあらわれる他はない。（鶴見１９６９：18）

鶴見が予見した通り、テクノロジーの発達により、受け手のメディアリテラシーが向上した。テレビ、新聞、雑誌、ラジオという、オールドメディアが全盛の時代では、テレビという強力な武器があり、送り手からの情報を生活者が受け取って消費するという構図であった。しかし、インターネットという新たなメディア環境の発達により、生活者は、情報を自ら解釈し、情報を発信することがオールドメディア全盛の時代に比べて相対的に容易になったのである。

つまり生活者は、送り手からの一方的な情報を受け取るだけではなく、インターネットなどを活用して、情報の検索／共感／発信、という行動をとることが可能となったのである。と同時に送り手は、生活者を画一的に捉えるのではなく、ひとりひとりからいかに理解されているのか、に注意を向ける必要が生じたのである（Prahalad and Ramaswamy 2004＝2013）。

では、メディアテクノロジーの発達に付随する生活者の変容に対して、送り手はいかに対応しうるか。たとえば、山田は、消費の様式を①飢えや苦痛から逃れるための消費、②家族の豊かな生活をつくり出すための消費、③自分で選んだブランドを買い続ける消費、④つながりをつくり出すための消費の４つに類型化している（山田・袖川 ２００９）。①から③は戦後復興期から高度経済成長期そしてバブル期までを、④はバブル崩壊後、日本の経済成長がペースダウンしてからの社会を捉え、生活者の幸福という視点から消費を検討した。

①から③までは「モノ」を消費することにより幸福を感じるのに対して、④は消費を「人間関係を育むための道具」、言い換えれば、生活者は、人とつながり、幸福を感じる手段として消費行動をとるようになったのであり、企業から生活者へと一方向のコミュニケーションではなく、生活者と企業の関係性＝リレーションシップを重視するようになったと言えよう。

生活者（消費者）の「モノ」に対する意識の変容に付随して、日本においても、たとえば大手広告代理店が中心となって研究会が形成された「経験経済」などマーケティング方法論が展開された（Pine and Gilomore 1999= 2000）。その中で、「リレーションシップ」という観点から、生活者の「モノ」消費に対する意識の変容をサービス・ドミナントロジック（以下S-Dロジック）として概念化したのは、R．F．ラッシュとS．L．バーゴである（Lusch and Vargo 2014= 2016）。

ラッシュとバーゴは社会を構成するそれぞれの要素をアクターと称し、アクターがそれぞれ有している能力を統合することにより価値が形成ことを示した。つまり「企業」、「生活者」、「送り手」、「受け手」といった明確な役割がなくなり、それぞれ有している能力が融合し、共通の価値を創りだすのである。ラッシュとバーゴのS-Dロジックによって提示された「価値の共創」は、「創り手」と「受け手」がその場でつながる機会となりうるライブ・エンタテインメントにとって、親和性が高いと言えよう。

生活者の意識の変容を企業など送り手は把握して、ライブ・エンタタテインメントを企業と生活者（消費者）のコミュニケーションとの場として活用するようになった。たとえば2015年2月発売『宣伝会議』特集「CSVでソーシャルグッド」では、生活者が社会貢献に高い意識を持っているとし、トヨタのハイブリット車プロモーションイベントが事例としてあげられている。そのイベントは、AQUA　SOCIAL　FESと称されていて、水をテーマにした環境保全プログラムとして２０１２年から始まった。

AQUA　SOCIAL　FES は、２０１８年から TOYOTA SOCIAL FES に名称を変え、全国各地で環境問題の改善にＮＰＯと共同で取り組んでいる。このイベントで特筆すべきなのは、生活者がボランティアとして環境保全に取り組む活動をする場を企業が提供し、その経過ならびに結果を WEB 上で報告することで活動した実感を得ることができるのである。顕著な例として、TOYOTA SOCIAL FES のホームページで確認すると、Facebook で生活者のリアクションの指標である「いいね！」が３０９９４も獲得したのである（２０２０年３月24日取得，http://archive.aquafes.jp/)。

多くの企業が生活者と価値を創り上げ、その価値を共有することを「共創」とするならば、生活者同士あるいは生活者と「創り手」が実地で交流できうるライブ・エンタテインメントは、「共創」の広告コミュニケーションの場として適していると言えよう。

第1章　ライブ・エンタテインメントにおける「受け手」と「創り手」

演劇、スポーツ観戦、音楽コンサートなどひとつの場で生活者が集合化し観るエンタテインメント（entertainment）は、商業化することにより発展した（南・社会心理研究所 1965）。さらに、メディアテクノロジーの発達に伴って、生活者がその場にいなくても、エンタテインメントを「ライブ」で享受することが可能となった。

それにも関わらず、生活者はひとつの場で集まって「ライブ」でエンタテインメントを受容する。たとえば、演劇においてDVDやTVでの視聴も可能であっても、わざわざ劇場に足を運ぶ人たちがいる。また、テレビで観戦が可能であってもパブリックビューイングに集う生活者がいる。生活者にとって余暇・自由時間の一形態であるライブ・エンタテインメントは、日常生活においていかなる価値を有するのだろうか。

本章では、ライブ・エンタテインメントの場における経験と日常生活とのつながりという観点から、「受け手」の諸相を検討する。まず、「受け手」の「能動性」を「創り手」との関係から検討したうえで、先の議論でも触れたように、生活者のライブ・エンタテインメントに参加する非日常経験の連続性／非連続性を検討する。次に生活者の余暇・自由時間に対する意識を検討することにより、「受け手」のライブ・エンタテインメントにおける「能動性」ならびに「非日常性」と関連させ、ライブ・エンタテインメントにおける「受け手」の参加形態を類型化していく。

一．ライブ・エンタテインメントにおける能動性／受動性

江戸時代日本では、歌舞伎や落語といった類のエンタテインメント（娯楽）がひろく生活者に浸透すると同時に、たとえば歌舞伎など「遊芸」[20]とよばれ、労働の妨げになるという類のものとして位置づけられもした（関口 2001）[21]。関口進の記述からも明らかなように、江戸時代においてエンタテインメントは、生活者にとって余暇・自由時間を享受する場であると同時に、内容によっては悪影響をおよぼすものとして権力を行使する側から有害視されていたものもあった。さらに明治時代に入り、1872年に「教則三条」[22]が発布され、エンタテインメントは「教育」という側面が強い傾向になった（関口 2001）。

日本のエンタテインメント史上画期的な出来事は、1897年ごろから興業がはじまった映画の浸透である[23]。その他、大正時代にかけて、博覧会や遊園地はじめ生活者にとってエンタテインメントが多様なものになった[24]。映画やレコードという複製技術はじめ、1925年の雑誌『キング』の創刊[25]、同じく1925年のラジオ放送開始などライブ以外のエンタテインメントの選択肢も増えていった。余暇・自由時間において、エンタテインメントの選択肢が増えるにつれ、生活者は自らエンタテインメントを選ぶようになった。一方、日本においてエンタテインメントは、「教育」という要素が「フィルター」としてある一定の機能を果たしてきた。氏原正治郎は文化による「教育」という観点から、

民衆娯楽が関心を呼ぶにいたった直接の契機は、労働運動・社会運動の発展であった。これらの運動は社会の改造を求める。この改造は、政治の改造、経済の改造、社会の改造だけではなく、思想の改造であり、生活の改造であり、文化の改造であった。（氏原編1970：62）

と日本においてエンタテインメントが発達した社会的背景を指摘している。また、氏原は、

伝統的超越的文化概念、それからする民衆および民衆運動に対する評価、批判を排し、民衆娯楽の中に文化的価値を、民衆の中に文化的創造力を見出し、その方法として社会事実の調査を強調した功績は大きい。（氏原編 1970：65）

と、生活者がエンタテインメントに対する自発性や創造性を保持していた現象に着目し、調査を実施した権田保之助を高く評価している[26]。

その一方で、1912年に教育上悪影響を及ぼすという理由から映画に対して上演禁止命令が発令[27]されたようにエンタテインメントは「権力」に留意せざるをえなくなった。つまり、エンタテインメントは、生活者にとって新たなる知見を得る機会になるのと同時に、「権力」から「教育」される側面も包含していて、その経験は能動的にも受動的にもなりうる環境だと言えるのである。

では、ライブ・エンタテインメントにおける「受け手」の「能動性」とは、いかなるものか。まずは、メディア環境の変化という側面からライブ・エンタテインメントにおける「受け手」と「能動性」の関係を検討する。

(1) メディア環境の変化に付随する「受け手」の変容

かつてエンタテインメントは、「受け手」と「創り手」が集合して「同期」しなければ享受することはできなかった[28]。しかし、新聞、テレビ、ラジオ、雑誌が中心となった「オールドメディア」の時代をへて、映像視聴形態だけに限ってもTV以外にタブレット端末、スマートフォン、パソコンなど多岐にわたり、「受け手」は多様な形態で「創り手」と「同期」することが可能となった。現在のエンタテインメントとメディア環境を捉えるうえで、CDの売上低迷により、「ライブ」イベントに活性化を見出そうとする音楽業界についてまずふれておきたい。

たとえば2012年10月6日付「朝日新聞」別刷特集「(フロントランナー) ミュージシャン・山下達郎さん　ライブに賭ける音の職人」によれば、山下達郎がコンサート会場で、マイクを使わず、あえて生の声でパフォーマンスするなど、ライブに重心を移す山下は、

生活手段としての音楽を冷徹に考え、ライブに先祖返りしようと決めた。今まではCDが音楽文化の中心で、ライブはその販促活動みたいなところがあった。でも、これから先は、ライブのためのCDになる。[29]

と発言し、「創り手」にとってCDとコンサートの位置づけが反転したことを如実に表す表

現をしている[30]。山下のインタビューによれば、メディアテクノロジーの発達により無料で曲にアクセス可能となり生活者は敢えてＣＤを買う必要がなくなった。そこで山下は音楽業界が発展するために、次のように発言している。

ユーチューブじゃ、ライブの空気感は再現できない。ライブという一期一会の体験旅行のための音楽。それ以外に利益を生む手段はないと思います。[31]

この山下の一連の発言は音楽産業の現状を打破する上で、イベントが重要視されている様子を窺うことができる。メディアテクノロジーの発達により、これまで収益の中心を担ってきたＣＤの価値が下がり、音楽産業の「創り手」は収益構造を変えざるを得なくなった。音楽産業にとって「受け手」と「創り手」がその場で「同期」する「ライブ」に価値を見出すことによって収益構造を組み立て直そうとしているのである[32]。

メディア環境の発達に伴い、「受け手」はその場で「同期」するのか、それとも別の場所で「同期」するのか、ライブ・エンタテインメントを選択可能になった反面、「ライブ」の価値を「創り手」からいかに受容しているのだろうか。言い換えるならば、「受け手」にとってライブ・エンタテインメントはいかなる価値を有するのだろうか。

S．ビレルとJ．W．ロイ、Jr.は、M．マクルーハンの議論[33]を踏まえてメディアが介入するスポーツイベントにおける「受け手」の参加度を、メディア接触における拡散／集約という視点から検討している（Birrell and Loy 1979＝1988）。メディアテクノロジーの発達により、生活者はその場に行って参加しなくても「バーチャル」な体験は可能となった。と同時に、「バーチャル」の副作用として、「受け手」はイベント会場において「拡散」したさまざまな状況を自ら「集約」する機会を生活者から奪うことになった。すなわち、視聴者は、「創り手」が（スローモーション、統計データなど）編集を施した画像を通して、実際におこなわれているイベントに参加できると同時に、画一的な情報しか得ることができなくなったのである[34]。

さらにビレルとロイは「受け手」の受動的参加について、「no-show 現象」[35]を事例として以下のように指摘している。

> ライブ・ゲームを経験するよりも、家にいてテレビというメディアを通してスポーツ経験を消費することのほうを好んだ。いずれかを選べといわれれば、テレビでフットボールを見ながら午後を過ごすほうが、遠い競技場まで車ででかけていったり、はっきりしない天候条件を気にしたり、人混みにもまれたりするより、ずっと魅力的なことは明らかであった。（Birrell and Loy 1979＝1988: 470）

「no-show 現象」は、「受け手」としてイベントに参加するより、自宅で視聴者としての「受け手」になるほうを自ら選択した事例である。スポーツ観戦はテレビ画面を観ているだけで、自動的に「創り手」が（カメラの切り替えなどで）情報を与えてくれる。「受け手」は試合の状況等理解が容易いので、わざわざ試合会場まで足を運ぶことより、家でリラックスするほうを選んだ。すなわち、メディアテクノロジーの恩恵を受けて、簡便にイベントに参加できうる「受け手」が浮上してきたのである。

ビレルとロイはテレビがライブ・エンタテインメントの代役となることに否定的な文脈で捉えている。一方鈴木によれば「バーチャル」は本質的な行為であり、肯定的な文脈で解釈可能である（鈴木 2007）。つまり、実施会場でイベントに参加したとしても、単に「創り手」から提供された「出来事」を享受するだけなら、「受け手」は受動的にイベントに参加していると言いうる。しかしながら、メディアテクノロジーの発達により（イベント会場から離れた）画面を通してイベントに参加したとしても、（リアルタイムで創り手と受け手、受け手同士などでコミュニケーションをとるなど）生活者の本質部分によって、「受け手」の参加は能動性を伴いうるようになった。

ライブ・エンタテインメントにおける「受け手」の能動性は、物理的環境など外形的事実だけではなく、生活者がいかに社会とかかわっているか、という観点から検討していく必要がある。言い換えるならば、メディアテクノロジーの発達により、「創り手」は「受け手」に多様なライブ・エンタテインメントへの参加形態を提供するので、ライブ・エンタテインメントにおける「受け手」の能動性は、「創り手」といかに向き合っているか、ということを検討せねばならない[36]。次項では、「受け手」と「創り手」との関係から「受け手」の参加形態の可能性を検討する。

(2)「受け手」と「創り手」の関係

「受け手」と「創り手」の関係性からライブ・エンタテインメントを検討するうえで、宮入恭平の議論から検討しておこう。宮入によれば、ロックイベントや夏フェス（夏に野外を中心とした音楽イベント）などのライブ・エンタテインメントは、生活者に文化を伝える役割を果たしつつも「創り手」が一方的に「受け手」に提供するという側面がある（宮入 2008）。宮入の議論では、「創り手」が演奏する内容に受動的に対応するオーディエンス（観客）としての「受け手」を指しているのである。

宮入と同様に、杉座秀親は「創り手」のもつ「数量的思考」に懸念を抱いている（杉座 2003）。杉座によれば、「創り手」は大量生産・大量流通・大量消費という工業生産のサイクルに即して、文化を大量に複製し、その利潤を高めるために一回性や限定性という「稀少価値」を文化に賦与するのである。「創り手」は、生活者の欲求に応じたふりをしながら自発的な思考を停止させることで、大量に生産する複製品を生活者に大量消費させるのである。宮入と杉座の議論に共通するのは、「受け手」を誘導することによって利益を得ようとする「創り手」への批判である[37]。

一方で「受け手」の能動的参加について検討しているのが、永井純一である（永井 2008）。永井は夏フェスを代表するフジロック・フェスティバルを参与観察し、「受け手」の夏フェス参加の経験が能動性によるものであることを示した。永井の議論の中心は、「受け手」がパッケージ化された夏フェスを積極的に消費し、かつ（どのステージに参加するかなど）自己決定をおこなう「フェスティバルをつくりあげる積極的な存在」（永井 2008：99）としての受け手である。宮入と永井の議論における「受け手」の差異は、夏フェスというイベントの「パッケージ化」をどう捉えるかである。つまり、「パッケージ化」された夏フェスに、「創り手」から与えられた機会として受動的に消費する生活者として「受け手」を捉えるのか、もしくは余暇・自由時間のなかから積極的に選択し、参加する生活者として「受け手」を捉えるのか、という点である。

宮入と永井の議論をつなぐ存在として、J．トインビーの、音楽に商業的側面がかかわり活性化する可能性という観点は、有用であろう（Toynbee 2000＝2004）。トインビーは、ポピュラー音楽における「制度的自律性」という議論を展開し、ホルクハイマーとアドルノを批判的検討・継承した（Horkheimer and Adorno 1947＝2007）。トインビーによれば、ホルクハイマーとアドルノによる、文化産業が文化に内包している自律性を取り除いてしまった、との議論に対し、市場の可能性という観点が抜け落ちている点を指摘している（Toynbee 2000＝2004）。トインビーは、「不確かな市場と業界特有の過剰生産」（Toynbee 2000＝2004: 76）という視座にたって議論を展開し、ポピュラー音楽市場において、オーディエンス（観客）は「創り手」に操られているのではなく、非常に把握しにくい、「創り手」の意図から独立したものであると指摘している。その根拠として、他の文化産業と違い、音楽産業においてプロト市場[38]が発達していることをあげている。プロト市場の発達が、アーティストの発表の機会を増えさせ、商業的な価値を維持[39]できるようになった（Toynbee 2000＝2004）。と同時に、大量生産・大量消費という枠で「受け手」を捉えきることができないのである（Rojek 2011）。ポピュラー音楽を市場として捉えると、需要の主体であるオーディエンスが把握しにくい存在としてあるので、市場予測が容易ではない。よって「創り手」である音楽産業は過剰に供給することが困難であり、大量生産・大量消費のサイクルに陥ってしまう可能性は少ない。加えて、ポピュラー音楽市場におけるプロト市場の発達のおかげで、アーティストは独立性を維持でき、生活者は、文化の市場化の恩恵を受け、音楽の文化において、選択肢が多様化したのである（Rojek 2011）。とくに近年、大きなレコード会社のプロモーションを前提にせず、ユーチューブという場、あるいはインディーズシーンを起点として多くの生活者に認知される例が散見されるようになった。つまり音楽を市場という観点から捉えると、音楽を聴取する環境において、「受け手」は自律的に音楽を選択しうる存在なのである。

生活者による消費活動の発展に付随して文化と市場は密接に関連するようになった中で、社会制度の側面から「受け手」の自律性を捉えたのはR．ウィリアムズである（Williams 1981=1985）。ウィリアムズは資本のかかわりにより、一部の階級の生活者にしか享受できなかった文化を多くの生活者が享受できうるようになった点で文化の消費活動の進展を積極的に評価した。さらに、これまで支配者階級に都合のいいように創られていた文化だけではなく、さまざまな階層の考えに基づいた文化が資本のかかわりにより多くの生活者に浸透するようになったことを指摘し、生活者による消費活動に文化の支配的秩序を変えうる可能性を見出したのである。生活者の消費活動により文化が成り立っているということは、「受け手」が参加する文化を選択できることを意味しうる。言い換えれば、文化の商業化・産業化により、「創り手」が「受け手」に自律的に文化を経験する機会を提供する可能性がウィリアムズの議論から導かれるのである。

ウィリアムズが市場の作用に着目する一方で、文化の商業化・産業化に対峙して、いかに「文化の民主化」を達成しうるか、について議論したのがA．スウィングウッドである(Swingewood 1977=1982)。スウィングウッドが「資本主義的支配形態はエリートによる統治を前提とし、その卓越した知識が『受動的大衆』を従属させることを当然のこととしているからである」(Swingewood 1977=1982: 165) と指摘しているように、「受け手」の受動性に依拠した文化に参加するだけでは、生活者は結果的に受動的に文化に参加することになるので、文化産業のシステムに統合・統制されてしまう。しかし、社会における自律的制度の発展と生活者の能動的参加という要素により、「文化の民主化」が達成され、生活者は、自らの価値・欲求・実践を表現するための主体となるのである。

ホルクハイマーとアドルノにより文化産業批判が展開され、悲観的に「受け手」が論じられる一方で、ウィリアムズやスウィングウッドなどは市場経済の有用性に着目し、「受け手」の文化における可能性を捉えた。後者の立場が文化を捉える共通点は、消費活動を通じて、生活者は能動的に文化に参加できうる、という点である。つまり、ライブ・エンタテインメントの場で「受け手」が自律的に参加するには、その商業的側面を排除することではなく、いかに商業的側面とかかわっていくか、という点である。すなわちライブ・エンタテインメントへの「創り手」のかかわりかたにより、「受け手」の能動性が示されうるのである。

(3)「受け手」と「創り手」による「連帯意識」

Z. バウマンによれば、生活者が満足できるアイデンティティを獲得したとしても、それだけに固執することは危険が伴う (Bauman 2004=2007)。なぜならば生活者は、発展させた自己認識を確認する場が必要であり、他者に承認されることで自己認識が確立するのである (Honneth 2003 = 2014) 生活者が特定の場に集まって相互行為を行う際に、何らかの集合的な意識の芽生えは、E. デュルケムによる指摘に遡るまでもなく、決して不自然なことではない (Durkheim [1895]1960=1978)。

1つの目標に向かうにせよ、あるいはほかの人と違う目標に向かうにせよ、行動の指針となる「物語」が生活者に内在する時代があった (三浦 2012)。ところが、インターネットなどメディアテクノロジーの発達に付随して、生活者は送り手からの一方的な情報を事実として受け取らず、各々で事実を解釈するようになり、生活者にとって、物語への信頼が揺らぎ始めた (樫村 2007;竹内 2014)。メディアテクノロジーの発達によって生活者はいかに物語を創りうるか、という観点から「連帯意識」を捉えたのが鈴木謙介である。鈴木は、生活者の記憶で成り立っていた共同性が、メディアテクノロジーの発達により後景化し、瞬間的な事実によって生活者の「連帯意識」が生成される過程を示した (鈴木 2007)。鈴木の指摘している事実とは、社会という絶対的な他者から承認される絶対的な事実ではなく、生活者各々で「物語」を創るための「連帯意識」なのである。そして、その「連帯意識」を求める生活者に応えて、商業的側面から「創り手」は「連帯意識」を提供する。「創り手」から提供された機会をその場限りの経験として消費するだけでは、その経験を日常生活につなげることも、「連帯意識」にもとづく自己認識を確立することも困難であろう。

ライブ・エンタテインメントにおける「受け手」と「創り手」の関係という観点から、D. リースマンの議論は示唆に富んでいる。リースマンによれば、工業技術の進歩により仕事からの解放がおこり、生活者の自由時間における選択肢が増え、遊びの中での専門化が進むようになった（Riesman 1960=1964）。専門化された多くの選択肢のなかから、生活者が自律的に自由時間を活用する必要性をリースマンは指摘した。しかしリースマンは、自由時間が生活者の消費活動の一環となり、多くの選択肢から自由時間を過ごす機会を選べるようになった半面、生活者の自由時間における混乱を危惧し、その対処法として、

消費の領域での新しいさまざまな機会に人びとが安心して近づいていくためには、なんらかの案内人なり、道路標識なりが必要である。現代のアメリカの都市の特殊化した社会が必要としているのは、おそらく「仕事以外の相談係」とよぶべき人間たちであろ

う。（Riesman 1960=1964:278）

リースマンは、「受け手」が「創り手」と「連帯意識」を形成する可能性を示唆している。噛み砕いて言えば、生活者は、自由時間の過ごしかたが明確にわからないために、その商業的側面から「創り手」に誘導される傾向にある。その中で、生活者が自由時間において娯楽を単に享受して過ごしてしまう受動性から脱するために、「創り手」が大量生産システムに基づいた文化ではないほかの手段（alternative way）を、生活者に提供する可能性を示しているのである。

リースマンの議論が示しているのは、生活者は「受け手」として主体的にライブ・エンタテインメントに参加しうる能力がある一方、それに「気づく」機会がないならば、「創り手」がその場を提供する可能性である。言い換えるならば、生活者にとって自由時間に自ら「身につく」機会を形成することが困難であるならば、「創り手」が「身につく」機会を多様に提供した中から、生活者は自律的に選択し、自己認識の確立に資する機会が増えうるのである。

では、「受け手」が「気づく」ことによる「身につく」機会とはいかなる状況であろうか。ライブ・エンタテインメントにおける「受け手」と「創り手」の「連帯意識」は、ウッドストック・ミュージック&アートフェア（以下ウッドストック）の事例が参考となろう。１９６９年8月

15日から3日間開催されたウッドストックは推計で50万人が参加したイベントである。ウッドストックが開催されるようになったのは、アメリカ合衆国の社会的背景によるところが大きい。当時、公民権運動や反戦運動が活発化し、ヒッピーが生まれた。ジーンズメーカーのリーがアメリカ合衆国の文化におけるジーンズの発展という視点から編集した『ジーンズ・ロック・フェスティバル』において、ヒッピーが生まれた時代背景を次のように記述している。

公民権運動、反戦運動、女性解放運動は、一般市民のあいだから起こり、大きなムーブメントとなり、政治を動かし社会の支配的な価値観を変えた。それは「時代の気分」となって、多くの人たちのなかに世界は変えられるという確信を作った。ティーンエイジャーたちも「自分を変えられる何かがある」と素直に信じられた時代だったようだ。多くの記録からそれをうかがい知ることができ、その無邪気とも感じられるほどの確信は、現在から考えると不思議でさえある。１９６０年代は、アメリカ史上、そして世界史上、稀有な時代だったのだ。（リージャパン編２００９：70）

ウッドストックの発起人の一人であるM．ラング自身ヒッピーであり、ウッドストックには多くのヒッピーが参加した。と同時に、「創り手」が一方的に「受け手」を教化するので

はなく、「受け手」の「気づき」に期待したのがウッドストックである。「創り手」であるJ．フリードマンによる

一年間、革命のために働いてきたからこの平和と音楽の三日間を楽しい休暇にしてもいい？ポリティックスをうるさく言わず純粋に楽しんでいいの？それともこれを政治的イベントにする？（Lang 2009=2012: 152）

という表現が象徴しているように、ウッドストックは「創り手」がメッセージを強引に「受け手」に伝えるためのイベントではない。ラングによれば、「ウッドストックを文化的なイベントにしたかった。政治を除外するのではなく、ただ文化をきちんと僕らの手で示せば、自然に政治的メッセージとして伝わるはず」（Lang 2009=2012: 152）とあるように、「創り手」にとって、ウッドストックは純粋な音楽イベントであると同時に、「創り手」の思いに対して、イベントを介して「受け手」の「気づき」を期待する場なのである。「創り手」のイベント理念に対して、「受け手」が共振し「気づき」により「連帯意識」が形成される。ライブ・エンタテインメントにおける「受け手」と「創り手」の関係を検討する上で、ウッドストックが注目に値するのは、「創り手」が「受け手」の「気づき」という能動性に期待した点である。

「受け手」のウッドストックにおける「気づき」がウッドストックの会場をコミュニティに変えたことは、B．G．マイヤーホフがアメリカ原住民の移住地区とウッドストックの場に共通点を見出したことから導かれる。マイヤーホフによれば、ウッドストックでは生活者が思いでつながっていて、喜びや幸福感といった強い感情（ecstasy）が形成されているのである（Myerhoff 1975）。『ジーンズ・ロック・フェスティバル』において、

ウッドストックという巨大なコミューンの共有体験は忘れられないものになった。帰宅後、どろどろのジーンズがウッドストックそのものであるかのように、2日間脱がずに過ごした女の子もいたという。（リージャパン編 2009：83）

との記述からもウッドストックに参加した経験が「受け手」にとって「気づき」を得る機会であったことが窺える。「創り手」との関係において、イベントという非日常な機会を「創り手」から機会を提供され、「受け手」は主体的に参加しうるものであるということをウッドストックの事例は象徴していると言えよう。加えて、「受け手」と「創り手」による「連帯意識」の形成という視座において、文化を政治性という文脈で捉えた毛利嘉孝の議論は、ウッドストックの事例を補強するものであろう。

毛利によれば1998年シアトルで開催されたＷＴＯ（世界貿易機関）の第三回閣僚会議の時期に展開された社会運動は、文化性と政治性が合わさったものとなった（毛利 ２００３）。非暴力を理念として、「音楽をかけてダンスしたり、歌をうたったり、パフォーマンスをしたり、花をくばったり」（毛利 ２００３：13‐4）といった文化的な実践が導入された。つまり、文化的実践を通じて参加者と主催者がイベント理念を共有し、「連帯意識」を形成することを目的としているのである。毛利はこの「新しい社会運動」[40]の展開の起点をＲＴＳ（Reclaim The Street）に見出して議論している。毛利によれば、ＲＴＳはロンドンの高速道路拡張計画に反対することがきっかけではあった。しかし根本には、生活者にとって多様な生活の手段となるはずのストリートが、単なる交通や移動の空間の機能しか果たさなくなってしまったことへの危惧があったのである（毛利 ２００３）。毛利はＲＴＳの中心的な活動家であるＪ．ジョーダンの議論を踏まえて、

日常生活を芸術へと変貌させ、だれもが芸術の担い手として参加できる場を作り出す試みだというのである。したがって、ＲＴＳの直接行動は必ずしもすべて事前にプログラムされているわけではなく、自発的・自然発生的な「大いなる偶然」に頼っているのだ。（毛利 ２００３：101）

つまり、ＲＴＳの活動は「創り手」が「受け手」に対して一方的にメッセージを伝えるのではなく、「受け手」が自ら「気づき」、「連帯意識」を形成する機会となるのである。加えて毛利は、

> ＲＴＳにとって、現在とは過去から未来へと時間が通過していく単なる通過点ではない。カーニバルのようなストリート・パーティは、抑圧された日常から逃れて、パーティが終われば再び退屈な生活に戻っていくような、一時的な気晴らしではないのである。しかし、それを起点にしてすべての政治制度ががらりと変わってしまう、古典的な意味での革命のための契機ではない。（毛利　２００３：112）

と指摘しているように、ＲＴＳの活動に参加することは、国家に変革をもたらすような大きな目標のためではなく、生活の場であるストリートを見つめ直す契機となる。つまり、ＲＴＳの活動が単なる「発散」ではなく「受け手」の「気づき」という日常生活につながりうる機会となる。毛利が着目したＲＴＳをはじめとする「新しい社会運動」に共通する特徴は、政治（あるいは社会）を変えるための参加ではなく、日常生活における文化の実践という視座

による参加であり、生活者がイベントに参加した結果、文化の政治的側面に対する認識が生成されうるのである。

ウッドストックと「新しい社会運動」の共通点が示しているのは、「創り手」のイベント理念に「受け手」が自ら気づき、「連帯意識」の形成がおこなわれることである。これらの事例からは、ライブ・エンタテインメントにおいて、「受け手」の経験が日常生活につながるかどうかは、「受け手」の気づきに依っていることが示唆されている。言い換えるならば、「受け手」の「気づき」という能動性は、ライブ・エンタテインメントを生活者は日常生活のなかでどう位置付けているか、に関わっているのである。次節では第2の課題であるライブ・エンタテインメントと日常の関係を捉えていく。

二．ライブ・エンタテインメントと日常生活との連続性

ライブ・エンタテインメントは生活者にとって非日常経験である。その経験はその場限りで終始するだけのものなのか、あるいは、日常生活につながる機会になりうるのだろうか。文化の商業化・産業化に付随して、生活者はいかにライブ・エンタテインメントにおける非

日常を捉えうるか。本節では、チクセントミハイのフロー理論を補助線して、ライブ・エンタテインメントと日常生活との連続性を検討していく。

(1) ライブ・エンタテインメントにおける非日常

多くの社会学者は、イベントを非日常性の日常での消費という文脈で捉えている。たとえば、山田真茂留によれば、諸個人は趣味などを介した有意味な他者や準拠集団に拠り所を見出そうとしているが、旅行、パーティー、音楽イベントなど日常生活で簡易に非日常の機会に参加できるようになったという（山田 ２０１０）。

> 今日的な非日常性は日常性から距離が足りず、したがって元々日常性を正当化する機能に不足しているばかりか、簡単に費消され、すぐさまその力を失ってしまう。そこで各々の主体は、ともすると次から次へと新しい非日常性を求めてさまようことになるのである（山田 ２０１０：120‐1）。

イベントが生活者の消費活動に組み込まれたことにより、非日常という機会が生活者にとって単なる消費の対象になったのである。こうした場合、ライブ・エンタテインメントという非日常の場における生活者の経験は、その場で完結し、日常生活の発散あるいは日常生活への充電という機会になるのである。ライブ・エンタテインメントの非日常性を検討するうえで、R.カイヨワの遊びに対する考察を参照するならば、指摘は大いに参考になりうる。カイヨワは日常生活に対する遊びの位置を、「遊びとは、人が自分の行為についての一切の懸念から解放された自由な活動である、と定義しうる。人は遊びの有効範囲を限定する」(Caillois 1958=1990: 300) と明確に表現している。つまり、遊びにおけるカイヨワの立場にたてば「受け手」にとってライブ・エンタテインメントは有効範囲の限定された日常生活のストレスを発散する機会であり、その経験は日常生活につながるものではない。

しかし、ライブ・エンタテインメントにおける「受け手」の経験が日常生活につながらないと言い切れるのだろうか。カイヨワの「遊びとは純粋な消費」(Caillois 1958=1990: 34) という内発的動機を批判的検討したのがチクセントミハイである (Csikszentmihalyi 1975=2000)。チクセントミハイは遊びにおける内発的動機を検証し、

> カイヨワによればロック・クライマーは、彼らの行為を危険――危険に身をさらす者の意識の眩暈的な変化――を伴うものと感じるはずのものとされる。しかし彼らは発見や問題解決、更にはくつろいだ連帯の経験を強調する。(Csikszentmihalyi 1975=2000: 61)

という結果を導き出した。チクセントミハイは生活者が遊びという非日常経験をすることにより、その場における経験を日常生活にフィードバックし、成長しうることを、自己目的的経験による「内発的報酬（intrinsically rewarding）」に見出し、フロー理論を確立させた（Csikszentmihalyi 1975=2000, 1996, 1997; Nakamura and Csikszentmihalyi 2002）。

アメリカ合衆国において、１９５０年から１９８０年の間に10代の自殺が約３００％、１９６０年から１９８６年までに暴力犯罪（殺人・強姦・強盗・暴力）が３００％以上増加するなどの社会情勢のなかで、チクセントミハイは、「人はどのような外部環境の中でも楽しさと目標を見出す能力を発達させることが必要」（Csikszentmihalyi 1990=1996: 21）と認識するに至った。つまり生活者は、遊びにより「内発的報酬」を獲得することで、その経験が日常生活につながり、日常生活が活性化することに着目した。そしてチクセントミハイは、自己目的的な行為つまり行為そのものが喜びであるという行動による「フロー経験」の実証的研究をもとにフロー理論を確立したのである。

チクセントミハイが照射している「日常生活の一環である遊び」は、非日常経験であると同時に日常生活につながる。では、遊びにおいて日常生活への連続性／非連続性を弁える点はなにか。次項では、チクセントミハイが提唱したフロー理論の中心的概念となる「楽しさ

(enjoyment)」と「快楽（pleasure)」を検討することにより、日常生活につながるライブ・エンタテインメントを捉えてみよう。

(2)「楽しさ (enjoyment)」と「快楽 (pleasure)」

チクセントミハイは、日常生活における意識（苦痛・恐れ・激怒・不安・嫉妬など）の無秩序に対して、「楽しさ（enjoyment)」が意識の秩序化に重要な役割を果たすことを検証した。自己を弱めることにつながる意識の無秩序状態に陥らないために、日常生活の中で生活者がどのように自由時間を過ごすのかが、フロー理論の骨格をなす議論である。

フロー理論における自由時間の議論について中心となるのは、生活者が「受動的な娯楽」(passive entertainment）を享受せざるを得ない状況下において、能動的に「楽しさ（enjoyment)」を形成することにより「内発的報酬（intrinsically rewarding)」を得ることができうるか、という点に集約される。チクセントミハイは、「受動的な娯楽」を次のように特徴づけている。

過去数世代の間に生じた恐るべき数の余暇産業は、自由時間を楽しい経験で満たすために造られてきた。それにもかかわらず、我々のほとんどは自分の身体的かつ精神的資源をフローを経験するために用いず、毎週多くの時間を巨大な競技場でプレイする人気競技者をテレビで見て過ごす。（中略）我々は自分の信念を実現する危険を冒すのではなく、意味ありげに振る舞い、冒険を演技する俳優を見ることに毎日時間を費やす。

(Csikszentmihalyi 1990=1996: 203)

チクセントミハイに従うならば、生活者は自由時間において、受動的な娯楽を選んでしまう傾向にあり、「楽しさ」を経験することが難しい（Csikszentmihalyi 1990=1996）。言い換えるならば、生活者は構造化されていない自由時間に能動的に選択する趣味・活動がないので、受動的な娯楽を選び、「楽しさ」を享受することができないのである。チクセントミハイはその例として、目標が組み込まれ、時間が構造化されている仕事のほうが、自由時間よりも容易にフロー経験をする可能性があることをあげている。では、受動的に自由時間を過ごすことで生活者は「楽しさ」ではなく何が得られるのだろうか。

チクセントミハイによれば、受動的に自由時間を過ごすことによって得ることができるのが「快楽（pleasure）」である。「快楽」は「生活の質を構成する重要な要素ではあるが、それ自体は幸福をもたらさない」（Csikszentmihalyi 1990=1996: 58）、身体的欲求をもとに達成可能であり、消えやすいものなのである(41)。それに比べて「楽しさ」は新奇な感覚、達成の感覚といった前向きな感覚に特徴づけられている。チクセントミハイは食事という行為を例にして、食物のもつ種々の感覚を味わいながら食事をする「楽しさ」と、単に空腹を満たす身体的欲求である「快楽」との違いを指摘している（Csikszentmihalyi 1990=1996）。「快楽」は心理的エネルギーの投射を必要とすることはなく、秩序維持に役立つことはあっても、それ自体で意識に新たに秩序を創ることがない。すなわち、「快楽」はその場で消えてしまい、「身につく」ものではないのに対して、「楽しさ」は、挑戦的な要素を含む通常にはない意識の投影の結果としてのみ生じ、「身につく」のである。次節では、フロー理論に関する先行研究を検討することにより、「身につく」という観点からライブ・エンタテインメントと日常生活の連続性を捉えてみよう。

(3) フロー理論とライブ・エンタテインメント

これまで、フロー理論に着目した研究は数多くある。その中で菊幸一は、社会構造における非日常経験の問題点を指摘している（菊 2003）。バリ島の闘鶏を事例に、非日常経験が〈聖―俗〉や〈ハレ―ケ〉の二項対立的枠組みの中で展開している点を菊は指摘したうえで、非日常経験が社会構造の安定化にのみ作用し、単なる発散の場にしかならない状況を危惧している。菊は「生活を楽しむ文化」を理論的に追求する必要があることを指摘し、「ハレ」の場の経験が日常生活につながりうるもの、あるいは、日常生活から「ハレ」の場につながりうるものとは何か、という課題を浮上させたのである。

この課題に対して佐橋由美は、ポジティブな経験であるフローを多く経験すれば、生活者の生活全般の質は向上していくという仮説を前提として、中年期女性の自由時間におけるフロー経験を考察した。佐橋は検証結果をもとに、自由時間において内発的に動機づけられた状況を数多く経験することによって、日常生活全体の質も改善する可能性を示唆した（佐橋２００３）。他に何もすることがないから仕方なくという消極的な参加で占める時間を、自ら率先して積極的に参加する時間に変えることにより生活全体を充実したものにしていくことができるのである。参加を契機として生活全体が充実するという、佐橋の中年女性とフロー体験の関係性に関する議論は、ライブ・エンタテインメントの社会的意義を検討するうえで示唆に富んだ議論であると言えよう。「試しに」という感覚で参加可能な機会が増えれば、多くの生活者は「内発的報酬」を獲得し、「楽しさ（enjoyment）」を経験することにより「身につく」契機が増えうるのではないだろうか。

そして、ライブ・エンタテインメントへの「受け手」の参加という観点から演劇における「受け手」（観客）に焦点をあてたのはV. ターナーである。ターナーは、「そのひとの持つ役割や地位の特徴を消し去り、『あるがまま』の状態で人間が相互に向かい合うような状態」(Turner 1977=1989: 69) であるコミュニタスを共通項とみなして、儀礼と演劇における体験の差異をリミナリティとリミノイドという2つの概念から検討している（Turner 1977=1989）。ターナーによれば、「リミナリティ」は、社会構造の枠組みで集団かつ共有された体験であり、「リミノイド」は、（社会構造上の）自由時間の範囲で起こることが多く、個人的かつ主観的な体験である。ターナーによれば、演劇におけるフロー体験は、すべての「受け手」ではなく個々人の「受け手」の解釈次第で生じる（Turner 1977=1989）。すなわち、「リミナリティ」は生活者に共通した体験が生じるのに比べて、「リミノイド」は個々人の能力によって体験をする生活者／しない生活者が生成されることになるのである。フロー体験は相互行為であると同時に個人的かつ主観的な体験であるというターナーの議論は、「受け手」によるフロー経験を検討するうえで示唆に富んでいる。なぜならば、ライブ・エンタテインメントで「受け手」がフロー経験するには、「創り手」が一方的に責任を負うものではなく、「受け手」が「創り手」と共振することで「連帯意識」が形成されることを示しているからである。言い換えれば、「受け手」にとって、ライブ・エンタテインメントで「楽しさ」を経験することは「身につく」経験になり、日常生活につながりうるのである。

これまでのライブ・エンタテインメントにおける能動性／受動性、日常／非日常という議論を踏まえて整理するならば、ライブ・エンタテインメントにおける経験が、生活者にとって、その場限りの慰安以上のものであるには、自己認識を確立させる「身につく」機会になりうるかどうか、なのである。生活者のライブ・エンタテインメントへの参加は、「楽しさ（enjoyment）」を経験することで、「身につく」機会となりうる。他方、ライブ・エンタテインメントは、生活者にとって、日常生活からの「開放」あるいは、日常生活で溜まったストレスを「発散」する場としても機能しうる。つまり、「受け手」にとって、ライブ・エンタテインメントが「身につく」機会になるためには、「受け手」がライブ・エンタテインメントをいかに捉えうるか、という視点が必要となる。

「受け手」におけるライブ・エンタテインメントの位置づけを検討するには、生活者と余暇・自由時間の関係を捉える必要がある。なぜならば、多くの生活者にとって、社会システムに組み込まれている余暇・自由時間を過ごすために、ライブ・エンタテインメントは存在しているからである。次節では、チクセントミハイのフロー理論を補助線として生活者の余暇・自由時間における性質の違いを検討していく。

三．余暇・自由時間における「楽しさ（enjoyment）」と「快楽（pleasure）」

ここまでライブ・エンタテインメントに参加する「受け手」を、能動性／受動性、日常生活への連続性／非連続性という側面から検討してきた。その結果、「受け手」のライブ・エンタテインメントの場における能動性／受動性、日常生活への連続性／非連続性は、「受け手」の性質に依拠していることが示された。「受け手」は余暇・自由時間にライブ・エンタテインメントを選択し参加する。つまり、ライブ・エンタテインメントにおける「受け手」の能動性／受動性、日常生活への連続性／非連続性は、余暇・自由時間をいかなる意識で捉えているかによるのである。

生活者にとってもっぱら消費活動に費やされる余暇・自由時間を、生活者はどのように過ごしているのだろうか。本節では、チクセントミハイのフロー理論を批判的に検討・継承することを補助線として、ライブ・エンタテインメントにおける生活者の能動性／受動性、日常生活への連続性／非連続性の関係性から余暇・自由時間を検討していこう(42)。

(1) 余暇・自由時間に対する意識の生成

余暇・自由時間に関する先行研究は数多くあり、その中でも労働との関係から余暇・自由時間を捉えているものは多い。余暇・自由時間を労働の観点から捉えることは避けて通ることはできない。なぜならば、余暇・自由時間と「自由ではない」仕事に従事している時間は、日常生活において相互に影響しているからである。したがって生活者の余暇・自由時間の過ごし方は、労働時間といかに向き合っているかによって変化することになる。

たとえば、NHKが1973年から5年に一度実施する意識調査をもとに編集されている第9版『現代日本人の意識構造』によれば、質問項目で、「仕事絶対」、「仕事優先」、「仕事・余暇両立」、「余暇優先」、「余暇絶対」とカテゴライズし調査した。その結果、1980年代前半から後半にかけて、仕事志向型（「仕事絶対」と「仕事優先」）から余暇志向型（「余暇絶対」と「余暇優先」）へ生活者の意識が変化する兆しが示された。

先のNHKの調査では、生活者が、余暇・自由時間を仕事の付属物としてみなすことから脱却しつつあることが読み取りうる。その一方で、生活者の「余暇志向型」とは、いかなる形態であるのか、という問いが浮上する。

では、日常生活において、生活者が「余暇志向型」になる意識はいかにして生成されたのであろうか。本項では、「日本人」[43]という観点から余暇・自由時間の意識がいかに生成されてきたかを検討しよう。

「日本人」が、世界からエコノミックアニマル[44]と称されるほど労働に勤しんでいた時代があった。産業の発達に付随して、仕事の充実が人生の課題の一つになり、身分制にかわるアイデンティティを支える意義あるものになった（藤村 2008）。つまり産業の発達によって労働を中心にすえる社会環境が整い、仕事の充実が日常生活における生活者のアイデンティティとなったのである。

しかしエコノミックアニマル同様に、日本で１９７０年代に入り、クオリティ・オブ・ライフ（quality of life）という言葉が流行しだした（松田 １９８１）。松田義幸によれば、１９７３年のオイルショック以後、欧米を中心とする国々で物質的豊かさの追求の限界感から、「生活の人間化」（松田 １９８１：19）に意識がシフトするようになり、物質的豊かさでは測ることができない新たな幸福感を模索しはじめた[45]。たとえば、日本において、国土庁（当時）『第三次全国総合開発計画』（１９７７）の「経済社会の新しい変化への対応」の項には以下のような記述がある。

四半世紀にわたって世界にも例のない高度経済成長を続けてきた我が国経済は、内外環境の変化によって新しい段階へと移行しつつある。その中で、国民一人ひとりの価値観や欲求は多様化し、多元化してきており、生活の安全性や安定性の確保など生活の質的充実、うるおいのある生活環境が強く求められている。（国土庁 １９７７：４）

国土庁（当時）の指摘は、日本人の余暇・自由時間への認識に変化の兆しが１９７０年代後半頃から顕在化しはじめたことを示している。そして、１９８０年代に過労死が社会問題となり、労働基準法の１９８７年改正で、法定労働時間が段階的に引き下げられ、週休２日制を採用する企業が増加。その結果、生活者は余暇・自由時間を日常生活に取り入れる環境が整った（ＮＨＫ放送文化研究所編 ２０１５）。

しかし、リースマンがアメリカ合衆国における非労働時間の増加に困惑する労働者の存在を指摘して、当時の社会において生活者が余暇・自由時間を消極的に過ごしている状況を示しているように、いままでエコノミックアニマルとなっていた生活者に余暇・自由時間を充実して過ごす術を身に付けることは困難であると言えよう（Riesman 1961=1964）。

そして、行政が、「日本人」の生活バランスを保てるように、余暇・自由時間の機会を創出しようとした結果、エコノミックアニマルに馴染んだ生活者は余暇・自由時間を産業に頼らざるをえなくなったのである（加藤 １９８４）。

「仕事充実」のために余暇・自由時間が存在するということは、生活者にとっての余暇・自由時間は自己目的的ではない。言い換えるならば、生活者は余暇・自由時間において「内発的報酬」を獲得することができないのである。大沢正道は、「快楽」に依拠して余暇・自由時間を過ごす生活者について以下のように議論している。

労働者がサイドビジネスをもつのは、時間があり余って退屈で仕方がないからだけではない。むしろ端的にいって、金がほしいのである。なぜ金が欲しいかというと、いわゆる余暇産業がつぎつぎに新しい余暇を開発して、労働者の欲求を刺激し、彼らの懐から金を巻き上げるべく、これでもか、これでもかと攻め立ててくるからにほかならない。（大沢 1994：168）

大沢の議論では、余暇産業により生活者の余暇・自由時間が大量生産―大量消費というシステムに組み込まれた消費活動[46]になり、余暇産業から与えられた機会によって充足したかのような「擬似体験」になってしまっていることを問題視している。余暇・自由時間を「労働の骨折りや緊張を解きほぐすのに役立つものでしかない」（大沢 1994：160）ものとして捉えることにより、生活者は余暇・自由時間を過ごす。つまり余暇・自由時間を労務対策や産業政策の一環とみなすことにより、生活者は、「快楽」に依拠することで余暇・自由時間を「発散」し、生活者にとって余暇・自由時間における経験は、その場で消失しても何ら問題にならないのである。

大沢の指摘を踏まえた「生活者の余暇・自由時間における陥穽」に陥らないためには、余暇・自由時間を労働と有機的に関連させる視点が必要である。では、生活者の余暇・自由時間における経験が労働と有機的に関連している形態とはいかなるものか。C. ロジェックに従えば、「労働（work）」と余暇・自由時間を区別するのではなく、余暇・自由時間において「労働（work）」につながる要素を経験することで、余暇・自由時間が時間の消費ではなく、「自己認識の発展」に資するのである（Rojek 2010）。

さらに、余暇・自由時間を「本来のもの」と「擬似体験」に差異化する基準を検討する際には、先のチクセントミハイが余暇・自由時間を「快楽（pleasure）」と「楽しさ（enjoyment）」に弁えた議論が補助線となる。チクセントミハイによれば、「時間」を構造化―非構造化という捉え方で、「構造化されない」時間である余暇・自由時間と「構造化される」時間である労働に弁える。「構造化されない」時間である余暇・自由時間において、秩序の創造につながる「楽しさ」と秩序の維持である「快楽」があり、余暇・自由時間において「楽しさ」を形成することが困難であるがゆえに生活者は、「快楽」に依拠した余暇・自由時間を過ごすのである。すなわち、余暇・自由時間を享受するものの、その経験はその場で終わり、日常生活に戻っていく、ということを繰り返し消費する形態が生じたのである。

では、余暇・自由時間が「擬似体験」ではない「本来のもの」として存在することは可能なのだろうか。まずは、以下で消費という観点から余暇・自由時間を見てみよう。

（2）暇にならないための余暇・自由時間

消費という観点から余暇・自由時間を消極的な文脈で捉えたのは、J．ボードリヤールである。

ボードリヤールが「未開社会には貨幣が存在しないのとまったく同じように、時間も存在しない」(Baudrillard 1970=1995: 228) と指摘しているように、未開社会は、経済的拘束を受けず、自然の具体的な周期や相互的・社会的交換と不可分の繋がれた「時間」であり、「時間」を消費する必要がない。

ところが、現代社会では、「時間」が消費するものとして価値が生じるようになった (Baudrillard 1970=1995)。ほかのひとが羨ましがることを意識して余暇・自由時間を過ごすことはもちろんのこと、労働量が増加して、余暇(自由時間)がとれないことさえも、特権になりうる[47]。余暇・自由時間を個人、社会階層、階級に伴う差異表示記号とみなし、余暇・自由時間を消費することで得る差異表示記号は、「地位表示的価値」(Baudrillard 1970=1995: 236) としてのみ機能しているのである。つまり、余暇・自由時間を「地位表示的価値」にしか意味を見出さないので、余暇・自由時間は生活者にとって「擬似体験」でしかないのである。

さらに労働という観点から、「余暇・自由時間を消費」という文脈で捉える研究は多い。たとえば、大沢によれば、余暇・自由時間は、(日常生活において構造化された時間である) 労働による緊張や退屈からの逃避である (大沢 1994)。余暇・自由時間に対する大沢のアプローチは、労働が日常であり、その日常を過ごすために、非日常である余暇・自由時間で「充電」をするのである。日常生活への連続性という視点にたてば、非日常の場に参加することが日常生活への「充電」になるので、一連の行為と言えよう。しかし、経験という観点から、非日常の場における経験は、日常生活と連続しない。なぜならば、余暇・自由時間での「充電」は、労働によって放出してしまうので「身につく」ものではない。労働で消耗した部分を修復するために、余暇・自由時間の機会が存在しているのである(48)。つまり、「余暇・自由時間を消費」という文脈からは、生活者にとって余暇・自由時間は、「再び労働に備える」ために存在しているのである。

また加藤秀俊によれば、労働を最優先する意識により、生活者は余暇・自由時間を「労働力再生産のシステム」（加藤 1984：61）とみなしてしまい、生活者にとって余暇・自由時間は「翌日の労働のためのエネルギー」（加藤 1984：61）となる。生活者が余暇・自由時間と労働を二項対立で捉え、「エネルギーの充電」という役割を余暇・自由時間に求めているのだ(49)。言い換えれば、「エネルギーの充電」したものを労働によって放出してしまうので、「身につく」ものではない。

一方、「消費」という観点から余暇・自由時間に積極的な意味を見出したのは、國分功一郎である（國分 2011）。國分によれば、S．ヴェブレンは過度に文化を軽視しながらも、有閑階級に存在していた品位あふれる閑暇という伝統に注目した意図せざる結果として、日常生活との関係で余暇・自由時間に積極的な意味を見出した。すなわち、産業の発達に付随して、品位あふれる閑暇の伝統のない階級が暇をもったがゆえに、「暇に苦しみ、退屈する」（國分２０１１：112）状態が生じたが、品位あふれる閑暇の伝統が備わっていれば「暇のなかで退屈せずに生きる」（國分２０１１：113）ことが可能なのである。國分は生活者が余暇・自由時間を過ごすための処方箋として、贅沢の有用性を論じている。

消費は物ではなくて観念を対象としているから、いつまでも終わらない。終わらないし満足も得られないから、満足をもとめてさらに消費が継続され、次第に過激化する。満足したいのに、満足をもとめて消費すればするほど、満足が遠のく。そこに退屈が現れる。（國分２０１１：342）

國分のこの指摘は、消費社会の枠組みのなかで余暇・自由時間が存在している以上、いつまでも退屈と気晴らしの悪循環が続くことを示している。

國分の議論の中心は、（観念としての消費ではなく）贅沢をすることにより、悪循環を断つことができうることを示すことである。國分は、暇であることの美徳を挙げているのだが、そこには、余暇・自由時間そのものに「楽しさ（enjoyment）」を生じさせる余地はない。確かに、國分の議論は、退屈しないための余暇・自由時間であり、「暇にならない余暇・自由時間」における消費の悪循環を断つ処方箋と言えよう。しかしながら、國分は、余暇・自由時間を退屈しないために贅沢を手段として講じる必要性を議論しているのであり、余暇・自由時間そのものに「楽しさ」を生じさせる「暇ではない余暇・自由時間」を過ごす処方箋にはなり得ないのである。

（3）暇ではない余暇・自由時間

産業技術の発達に付随して余暇・自由時間は広まったが、「暇にならないための余暇・自由時間」と「暇ではない余暇・自由時間」の差異は、生活者の日常生活を捉えるうえで看過できない問題である[50]。

J．デュマズディエによれば、余暇・自由時間は主に①疲労を回復させる休息、②生活者を退屈から回復させる気晴らし、③自己開発的機能、の3つの機能があり、相互に密接に関連している（Dumazedier 1962=1972）。デュマズディエは、生活者は、その時の意識次第で余暇・自由時間の機能を選択して過ごすことが可能であり、余暇・自由時間が生活者にとって選択可能な多様性を内包していることを提示した。デュマズディエの議論を踏まえれば、ライブ・

エンタテインメントの場において、生活者は余暇・自由時間を、特別で非日常な機会として、日常生活の疲れの発散／日常生活への充電に依拠した「気晴らし」、あるいは、自己認識を確立させる「身につく」機会にしうるのである。

一方、多くの論者が、生活者が過ごす余暇・自由時間について悲観的な見方を示している。たとえば、カイヨワは次のように余暇・自由時間における遊びを捉えている。

ある遊びは他の遊びよりも、芸術、科学、道徳に貢献している。その遊びが規則の尊重、誠実、自己抑制、公平を強調するものであればあるほど、あるいは計算、想像、忍耐、器用、力の向上を要求するものであればあるほど、貢献度は高いということは分かっている。しかし今、ここへ来て現われたのは空虚な遊び、無価値な遊びである。それは遊戯者に何を要求するわけでもない。たんに余暇の非生産的消費にすぎないのだ。時間を稔らすことなく、文字通り時間をつぶしてしまう。真の遊びは時間に種をまき、長い期日をかけて実を結ばせる。（Caillois 1958=1990: 321）

カイヨワは、余暇・自由時間の有用性を認めつつも、余暇・自由時間が単なる暇つぶし・気晴らしであり、生産性のない消費活動になっていることを示している。カイヨワが指摘している「非生産的消費」をライブ・エンタテインメントの文脈で捉えるために、K．ラースンの議論を引いておこう。

> 機械化によって人間の余暇の時間が増え、生活者は自由で創造的な生活を送れるようになるといわれていた。現実には生活者は、プログラムされたエンタテインメントを消費することで、余剰の時間を「つぶして」いるじゃないか。ぼくらは自分の「娯楽の時間」すら他人任せになってしまい、真の意味では自分でコントロールできていない。(Lasn 1999=2006: 113-4)

この指摘が示しているのは、生活者は、自己認識を確立させる「身につく」機会として余暇・自由時間を過ごすことができうるが、「創り手」の意向にそって生活者は「受け手」として受動的に参加してしまう状況である。

なぜ生活者は、余暇・自由時間を「創り手」任せにして、受動的に過ごしてしまうのだろうか。生活者の余暇・自由時間における受動性とは、余暇・自由時間そのものが目的ではなく、何か他の目的のための手段として余暇・自由時間が存在しているからである。生活者が、差異表示記号としてのみ余暇・自由時間をみなしてしまうことにより、「受け手」に受動性が伴う。

A. シュッツは、生活者が回顧できる一つの完成された経験を「有意味な経験」(Schutz 1970=1980: 14) とし、「自発的能動性として反省的に知覚された経験」(Schutz 1970=1980: 21) を有意味な経験とした。シュッツにしたがえば、生活者が、日常生活の気晴らしのためにライブ・エンタテインメントに参加した行為であっても意味のある経験なのである。換言すれば、生活者がたとえ気晴らしでライブ・エンタテインメントに参加したとしても、気晴らしが目的であり、気晴らしという経験をしたならば、生活者は「内発的報酬」を獲得しうる能動性に立脚した行為なのである。本稿では、消費活動として一過性の経験であったとしても、内発的報酬を獲得する経験を「意味のある経験」とする。

しかしながら日常生活と連続性はあるとは言え、その経験は一過性のものであるので、自己認識を確立させる「身につく」経験ではないと言えよう。言い換えれば、いくらライブ・エンタテインメントによる「気晴らし」が内発的報酬を獲得するものであっても「暇ではない余暇・自由時間」を過ごす行為ではないのである。

ミルズは、余暇・自由時間について、当時の米国の状況を、「娯楽と怠惰の余暇様式の中で育ってきたので、自己開発の世界をほんとうに知ってはいない」(Mills 1963=1971: 280) と指摘し、余暇・自由時間における自己認識の確立という観点が社会に欠落していることを示した。ミルズによれば、真剣に豊かな想像力が生活者に備われば、「感覚と理性を伸長させる真の余暇」（Mills 1963=1971: 280）と「個人的な経験の能力を鈍化させる虚偽の余暇」（Mills 1963=1971: 280）を区別できるようになる。生活者が能動的に参加することにより、日常生活につながる「楽しさ」を形成する可能性が余暇・自由時間には内在していることを示したのである。

では、生活者は「暇ではない余暇・自由時間」を過ごしうるか。ライブ・エンタテインメントにおける「受け手」の①能動性、②日常生活への連続性、という側面から検討にあたり、ライブ・エンタテインメントに関する社会理論や先行研究を検討した結果、「受け手」は能動的に参加し、その経験が日常生活につながる機会となりうる、という仮説が成り立つことがわかった。と同時に、「受け手」のライブ・エンタテインメントの場における能動性／受動性、日常生活への連続性／非連続性は、「受け手」の性質に依拠していることが示された。

本章では、チクセントミハイの余暇・自由時間における「楽しさ」と「快楽」の議論を補助線に、生活者の余暇・自由時間における参加の能動性および日常生活への連続性、を検討した。その結果、余暇・自由時間に対する意識の生成という観点から、①暇な余暇・自由時間、②暇にならないための余暇・自由時間、③暇ではない余暇・自由時間を導き出した。①は消費という要素が強く、「快楽」を得ることで充足されるが、②は、「快楽（pleasure）」を目的とするものの日常生活とつながりうる。③には、消費の要素がなく、「楽しさ(enjoyment)」

の形成がある[51]。

本章で確認できたことは、余暇・自由時間は、消費という「快楽」の側面と日常生活につながる「楽しさ」の側面を備えているということである。「暇ではない余暇・自由時間」を過ごすために、「楽しさ」を形成するのであるが、余暇・自由時間も今や生活者にとって消費活動の一環となってもいる。では、消費という観点から、生活者はいかに「楽しさ」を形成する機会を見出すことができうるのであろうか。その課題を検討することがライブ・エンタテインメントの社会的意義を探ることとなろう。管見の限りでは、これまでそうしたライブ・エンタテインメントの側面について、議論し、実証した例はないと思われる。以下第2章では、実地での聞き取り調査にもとづき、ライブ・エンタテインメントの具体的な様相を記述していく。

第2章　ライブ・エンタテインメントの事例分析

本章では、これまでの議論を踏まえ、事例研究を進めていく。本研究が照射しているのは、ライブ・エンタテインメントにおける「受け手」と「創り手」の関係であり、文化産業による生産・消費といった経済的要素が「受け手」と「創り手」の関係にいかに影響しうるか、という点である。文化産業による生産・消費といった経済的市場経済に立脚した社会において、ライブ・エンタテインメントが成り立つためには資金が必要である。資金を集めるためには、企業からの協賛、その場での物販、参加料が主になる。参加料を無料にすれば、当然企業からの協賛の比重を高くせざるを得ない。逆に、企業からの協賛が見込めない（あるいは拒否）なら参加料、その場の物販、行政からの助成金などで賄う必要がある。「創り手」のかかわり方が異なるライブ・エンタテインメントを比較検討することにより、「受け手」のライブ・エンタテインメントでの経験と日常生活の関係を示していく。

記述するために選定した事例は、生活者が余暇・自由時間に比較的容易に参加可能と思われる分野である①スポーツ、②音楽、③演劇、④祭りの4分野である。事例の対象にした地域は日本全国であり、多岐にわたる分野をとりあげている。ライブ・エンタテインメントでは、「受け手」とその場を提供する「創り手」が存在する。その場では、「受け手」と「創り手」が明確に分かれているものとそうでないものが混在している。「受け手」と「創り手」が明確でない場合であっても、場を創っている立場である限り、「創り手」として聞き取り調査の対象とする。

本研究における事例は、２００９年から２０１９年にわたる聞き取り調査を中心としている。取り上げた事例で共通するのは、①主催者、②参加者（競技・演奏（舞）者、観客）、④広告主が存在、という点である。これら3要素がいかにライブ・エンタテインメントにかかわっているか、ということを聞き取りに際して留意することにより、「受け手」のライブ・エンタテインメントにおける経験と日常生活とのつながりを検証していく。記述の対象にしたインフォーマントは合計59人[52]である。学術論文掲載が目的であることを明らかにした。また聞き取り調査に際して、インフォーマントとのラポール形成にに留意した[53]。

まず、スポーツに関しては、企業の協賛により成立しているソニー生命レディーステニス大会と街のサーフショップオーナーが運営主体となっているサーフィン競技会の2事例である。2つの事例は、「受け手」参加型以外に共通項はない。1つ目のソニー生命レディーステニス大会は、「受け手」は、競技会参加者ならびに観客であり、「創り手」は、大会名の前に企業の名前がつく冠スポンサーならびに協賛企業の関係者である。企業が生活者（消費者）に場を提供するという側面から、「受け手」（競技参加者）はいかに「楽しさ（enjoyment）」を形成しうるか、を記述する。２つ目のサーフィン競技会に関しては、競技参加者ならびにオーディエンス（観客）は生活者であり、「創り手」の中心はライブ・エンタテインメントを生業としていない生活者である。２０２０年のオリンピック正式種目に採用されたこともあり、今後企業がかかわっていくライブ・エンタテインメントになることが予想される。現在でも企業からの協賛を運営費の主とするサーフィン競技会は存在するが、本事例は草の根的な競技会であり、運営費の主は店のオーナーの持ち出しで成り立っている競技会である。聞き取り対象は競技会参加者および競技会運営者である。事例研究をもとに、「受け手」にとってサーフィン競技会は、日常生活においていかなる位置づけにあるにあるのかを、分析・検討することを目的としている。

音楽に関しては、夏季に野外でおこなわれるライブ・エンタテインメント（以後「夏フェス」）と地域住民が地域の活性化を目的としてはじめたライブ・エンタテインメントである。前者は、マスメディア、イベント会社、チケット取扱い会社、広告主など企業が中心となって成立したサマーソニックとミート・ザ・ワールド・ビートである。サマーソニックは、参加料

（チケット）を「受け手」が購入したうえでその場に参加する商業化されたライブ・エンタテインメント「夏フェス」である。ミート・ザ・ワールド・ビートは、サマーソニック同様、「夏フェス」ではあるが、異なるのはラジオ局が主催の無料イベント、という点である。「夏フェス」に参加する「受け手」という側面では共通するものの、チケット購入による参加と抽選による無料招待による参加という異なる参加形態では、ライブ・エンタテインメントにおける「受け手」と「創り手」の関係にいかに差異が生じるのかを検討していく。

後者は、オーディエンスおよび演奏希望者、運営すべてに地域住民がかかわり、その他に音楽を生業とする演奏者、広告主が「創り手」として、地域住民以外のオーディエンス（観客）が「受け手」として参加している高槻ジャズストリートである。高槻ジャズストリートは、「受け手」であってもオーディエンスから演奏者として舞台にたつことも可能であるし、「受け手」が「創り手」として運営に携わることも可能である。地域住民が主体のライブ・エンタテインメントであり、その「受け手」と「創り手」がいかにライブ・エンタテインメントを成立させているのか記述する。これら3つの音楽イベントを比較することにより、商業的／非商業的ライブ・エンタテインメントと「受け手」の関係を分析し、「受け手」の参加経験が日常生活につながりうる音楽イベントについて検討する。

演劇に関しては、小劇場から出発した劇団に焦点を絞る。まず、資金難の劇団が「受け手」

に発信する場として、産業として成功を収めた劇団をいくつも輩出する役割を担った扇町ミュージアムスクエアを補論としてとりあげる。そして、その扇町ミュージアムスクエアから出発して全国レベルの知名度を獲得した劇団☆新感線の演劇、もう一つは京都を起点として、ＤＶＤなど舞台のメディア化（mediated）への意識を強く保持しているヨーロッパ企画の演劇をとりあげる。劇団☆新感線とヨーロッパ企画との共通点は、商業化がなされている点である。これら2つの事例を比較することで、「創り手」の演劇へのかかわり方の違いによって、いかに「受け手」の参加形態に差異があらわれるか、を明らかにしていく。

最後は祭りである。祭りは、日本において産業が発達するまでは、日本人にとってはアプリオリに日常生活に組み込まれていた原初的なライブ・エンタテインメントと言えよう。はじめに、起源からメディアの協力を得て、商業化され成長したＹＯＳＡＫＯＩソーラン祭りを最初にとりあげる。残り2つは、大阪三大夏祭りと称されている天神祭と生國魂祭で、発展の形態が対照的な祭りである。前者は運営側に経済的な見返りを求めるメディアや企業／見返りを求めない企業・団体などの「創り手」が混在するライブ・エンタテインメントである。一方後者は地域に根ざしている祭りであり、主催者は、商業的な目的に立脚していない「創り手」のみで成り立つライブ・エンタテインメントである。これら2つの祭りを取り上げることによりイベントの商業化について検証し、商業化されたイベントにおける「受け手」と

「創り手」の関係を検討する。

一．スポーツからライブ・エンタテインメントを考える。

S．A．ジャクソンとチクセントミハイは「内発的報酬（intrinsically rewarding）」とスポーツの因果関係を検討している(54)。ジャクソンとチクセントミハイによれば、自分の意思でスポーツに参加しようとする生活者は、活動を始めるという行為が乗り越えなければならない最初の課題となる（Jackson & Csikszentmihalyi 1999=2005））(55)。

スポーツのライブ・エンタテインメントは、大きく「する」参加と「観る」参加に弁えうる。「観る」参加に関して、たとえば高橋豪仁は、スポーツ応援文化をプロ野球の応援団を事例に検討している。高橋によれば、オーディエンス（観客）による集合的な応援はライブ・エンタテインメントを構成する重要な要素となる（高橋 ２０１１）(56)。ではなぜメディアテクノロジーが発達し、どこでも視聴可能となった社会において、わざわざ競技場に足を運ぶのであろうか。高橋は、スポーツイベントを儀礼の視点からアプローチした先行研究を批判的に検討・継承しながら集合的応援行動を捉え、オーディエンスがその場で同期し、共通の感情を形成するところに、スポーツ観戦の意義を検討している（高橋 ２０１１）。その場の同期によって一体感を生成する魅力が球場へ生活者の足を運ばせるのである。

一方、スポーツを「する」ために参加する「受け手」にとって、活動をはじめる契機はいかなるものであろうか。たとえば、２０１２年2月4日付「毎日新聞」特集「スポーツを考える」で社会学者西山哲郎は、生活者が将来を計算に入れたキャリア形成の一環など「利己的な理由」からスポーツを始める傾向を指摘している。スポーツそのものをすることが目的ではなく、スポーツが他の目的を達成するための手段として存在していることを示しているのである。では、「受け手」にとってスポーツをすることそのものを目的とする「内発的報酬」に根ざしたケースとはいかなるものなのだろうか(57)。

近年日本において東京マラソンはじめ市民マラソン大会(58)など参加型スポーツが盛んになってきている。東京マラソンの成功をきっかけに各地でマラソン大会がおこなわれている状況である。なぜ生活者はお金を払ってまでマラソン大会に参加するのか。市民参加型大規模マラソン大会の一つ、大阪マラソン参加経験者に「内発的報酬」に留意しながら聞き取りを実施した。

最初は息子の幼稚園の保護者の集まりで、地元のハーフマラソンの大会に出場したのがきっかけだったんですよね。それで大阪マラソンが開催されることになって、一回目だし、車がいない御堂筋を走れるし、チャレンジしてみようと思いまして。（中略）もちろん達成感というか走り切って賞状もらったら満足感はありますね。大阪マラソンとか神戸マラソンは普段生活している街を走るわけですから、なんとも言えない気持ちになりますね。でも昨年出場した篠山マラソン(59)は(遠いから)交通費が結構かかって、それに参加費も払って、それに見合うものがあったかどうかは・・・(中略)アメフトなんか人数集まらないとできませんが、走るのは一人で走りたい時に走れるし、やめたいときにやめることができるので。(中略)マラソン大会がなかったら走ることなんてしてなかったですよ。(60)

聞き取りにおいて、インフォーマントはマラソンの大会が契機となり、日常で走る習慣がついた。しかし、注目に値するのは、大阪マラソンと篠山マラソンという大会によって参加者の満足度に変化をきたす要因がある点である。インフォーマントの発言から、普段走れないところを走る、つまり日常の風景が非日常化することで満足度をあげる要因になりうると考えられる。加えて、「行為と認識の融合」という要素がフロー経験には不可欠であり、インフォーマントにとって完走することは当然のことであり、参加費という経済的側面を含めて、「楽しさ(enjoyment)」を形成する要素が篠山マラソンにはそれほど見出せなかったことが窺われるのである。

聞き取り調査において、マラソン大会への参加と「内発的報酬」の関係は結び付けることはできなかった。しかしながら、マラソン大会を契機として、日常生活で走るという行為が身についたということが窺える。つまり、ライブ・エンタテインメントの機会は、生活者にとって日常生活における「楽しさ」の気づきになるのではないだろうか。

以下でとりあげるのは、「スポーツをする」という視点から、スポーツを生業としていない生活者が競技参加する２つの事例である。１つ目は、ソニー生命保険株式会社（以下、ソニー生命）が協賛社となり、ソニー生命の社員がボランティアとして運営に参画しているソニー生命カップレディステニス大会である。アマチュアの女子テニス愛好家を対象に全国各地で予選が行われ、選抜チームを編成し、都道府県対抗でとりおこなわれる競技会である。「受け手」である競技参加者および「創り手」であるソニー生命の社員への聞き取りを中心に記述する。２つ目はサーフィン競技会である。日本サーフィン連盟関西支部主催のサーフィン競技会であり、競技出場者ならびに大会主催者への聞き取り調査を中心に記述していく。

(1)　ソニー生命カップ全国レディーステニス大会

①概要

２０１９年で41回目を迎えた大会であり、ソニー生命が大会名について18回目である。この大会は全国各地で予選を8月頃からおこない、ダブルス（二人一組）の上位3ペアに監督1名で各都道府県代表チームを結成して全国決勝大会となる。この大会の特徴で特筆すべきなのは、出場資格にかなり制限が加えられていることである。たとえば、全日本選手権、国体（国民体育大会）、全日本学生選手権出場経験者は出場できないし、全日本ジュニア出場経験者は10年間経たなければ出場できない。それに加え、この大会の決勝大会ベスト４入賞者は以降の大会に出場できなかったり、決勝大会に3回出場した選手は翌年から5年間出場できなかったりする。すなわち「常連」の参加が不可能な仕組みになっていて、幅広く生活者に出場の機会があるところに本大会の特徴がある。

主催は財団法人テニス協会と朝日新聞で、ソニー生命が協賛している。決勝大会の場所は東京の昭和の森テニスセンターで、参加料は1チーム３００００円である。本事例は２０１１年11月18日全国決勝大会最終日、協賛社であるソニー生命および奈良代表チームへの聞き取り調査をもとにおこなっている。

②当事者による語り

企業が冠スポンサー（競技会名の前に企業名がつく）という形態でスポーツ競技会に協賛する事例として、競技参加者である「受け手」と協賛社としての「創り手」の関係からソニー生命カップ第33回全国レディーステニス大会を取り上げたい。この大会はもともと、朝日新聞社が主体となって取り組んできた。現在でも主催は日本テニス協会とともに朝日新聞であるが、資金面で協賛を募ることになり、ソニーの創業者盛田昭夫氏と日本テニス協会会長盛田正明氏の兄弟関係の縁でソニー生命が協賛社になった経緯がある。

協賛を10年続けてきたことから企業としてメリットがあることが窺える。広告主として持続的に協賛する意義を明らかにすることはライブ・エンタテインメントにおける「創り手」と「受け手」の関係を検討するうえで看過できないポイントである。

メリットは保険を販売するということではなく、あくまでボランティアと考えています。女性の大会ということで、女性の健康を増進させるという意味、また日頃ライフプランナー(61)が地域に根ざして活動しているので、地域への社会貢献というかたちで、いつもお世話になっているかたへかき氷を提供したり、その他いろいろなサービスを提供したり、応援にかけつけたりとか、あくまで社会貢献ということが目的です。(中略)そこで関係性を構築して結果的に、お客様のほうから保険にまつわる相談であったりとか、そういう感じでつながればと思っています。(62)

ライブ・エンタテインメントの場で保険を直接販売することが目的ではなく、社会貢献を通じて生活者（消費者）との関係性構築を目指していることが窺える。つまり、テニスをする機会を創ることにより生活者に貢献することを意図しているのである。「創り手」による場の提供という側面は、企業による広告コミュニケーションの社会的意義という観点から非常に重要な論点を提示する。なぜならば、「創り手」による場の提供が生活者のためになり、かつ広告主にとっても投資価値があるならば、広告コミュニケーションの社会的意義に直結しうるからである。

ソニー生命カップ全国レディーステニス大会の出場参加者には、ソニー生命の顧客以外でも参加可能であり、純粋にテニスを楽しみたい人が多く参加している。では、「創り手」は「受け手」といかに向き合っているであろうか。

参加者の皆さんが、すごく楽しくプレーしてくれているところ、負けて悔しいということもあるでしょうが、来年も出ると意気込みを持った方々の思いを見ると、やってよかったなあという純粋な思いがあります。（中略）また弊社のライフプランナーと参加者が保険の話だけではなく、コミュニケーションをとっている様子をみると、いいなあという思いとともに、続けていきたいなという気持ちが生まれてきます。(63)

「創り手」は、ライブ・エンタテインエントの場を、「受け手」とのコミュニケーションの機会として機能させようとしていることが示されている。また、ソニー生命の社員がイベントのスタッフとして関わることにより、「イベントに携わることで生活者との接点をもち、コミュニケーションをとることにより、生き方、考え方、などを学び、本業の気づきの場」(64)や「一見ボランティアで支えているように見えて、実は逆に支えられている、教えてもらっているところがあるかもしれません」(65)とあるように、「受け手」とのコミュニケーションを通じて、ライブ・エンタテインメントの場が「創り手」にとって、貴重な機会になっていることが窺える。

一方、コミュニケーションの場を提供されている「受け手」への聞き取りでは、

子育てもひと段落したところにテニスとの出会いがあった。大袈裟に言えば生きる目的を見失ってしまいかねないのをテニスが救ってくれたのかも。ソニー（生命）カップは日常テニスに打ち込んだ成果を発表する場と言えますね。(66)

インフォーマントへの聞き取りから、競技会の役割が垣間見える。生活者が「楽しさ」によって「内発的報酬」を獲得するには、行為への機会と行為の能力のバランスが肝要なのである（Csikszentmihalyi 1975=2000）。と同時に、日常生活全体の質の改善による消極的な楽

しみから積極的な楽しみへの変容が生活全体の充実へつながるのである（佐橋 2003）。先に記述したように、ある一定のレベル以上の人には出場資格がないソニー生命カップは特別な能力がなくても努力すれば全国大会に出場できる可能性があり、「ママさんの甲子園」(67)と言われるように、競技会の機会が主婦の生きがいを活性化させているのである。つまり、「受け手」はそれまで専業主婦として潜在化していた生きがいをライブ・エンタテインメントの場を通じて顕在化させたのである。

一方、イベント会場でボランティアの最前線となる営業社員にとっては、ボランティア活動とともに顧客獲得は必要な側面であろう。営業社員として顧客候補となる生活者を目の前にして果たして純粋にボランティア活動として応対できうるのか。

当然平日の昼間からテニスに没頭できる女性となると保険に入ってもらうターゲットではあるんです。ただ、まずは大会の支援を通じて、地域の皆さまに貢献し、関係を構築すること、お客さまを知ることが大事だと思っています。結果的にテニス以外で私たちがお手伝いできることが増えてくる、そんな自然な流れになれば、と思っています(68)。

民間企業として、社会への貢献と営利追求にいかに整合性をもたせうるか。聞き取り調査からは、「創り手」は生活者にテニスに取り組む場を提供し、余暇・自由時間に貢献することで、「受け手」と人間関係を築くことが主であり、副次的な目的としての顧客獲得が示されている。

③小括

本事例において、生活者が機会（あるいは舞台）を与えられることにより、「受け手」である競技参加者は、「楽しさ（enjoyment）」を形成する契機となりうることが示された。「受け手」にとって競技会に参加することは、「身につく」機会であり、日常生活を活性化させる契機となりうるのである。「創り手」への聞き取りにおいても、インフォーマントは、協賛の意義として社会への貢献を意識していることが窺える。ソニー生命カップ全国レディーステニス大会は、「創り手」が「受け手」に対して、「内発的報酬」を得る機会を提供するという点で社会的に意義のあるイベントであると言えよう。加えて、ライブ・エンタテインメントの場を交流の場と捉えることで営利企業にとってメリットがあることが示された。「創り手」がライブ・エンタテインメントの場を、交流の場としての機能を第一義に捉えることにより、「受け手」はライブ・エンタテインメントの場で「創り手」と共鳴しうるのである（Turner 1977=1989）。

（2） 競技会としてのサーフィン

2019年版『レジャー白書』によれば、サーフィン愛好者は60万人(69)（ウインドサーフィン含む）である。では、日本おいてサーフィンはどのように受容されてきたのだろうか。事例の検討に入るまえに、日本においてサーフィンが受容されてきた過程を確認しておこう。

①日本におけるサーフィンの受容

小長谷悠紀によれば、日本においてサーフィンの受容過程は三つの時期に区分けすることができる（小長谷 2005）。1つ目は、サーフィンがアメリカ合衆国を通じて入ってきた1960年から1976年の導入期(70)、2つ目が、メディアからの情報発信が中心となってサーフィンがファッションという記号で大衆化した1977年から1980年代の定着期、3つ目が1990年以降の成熟期である。

1960年代初頭に関東地方を中心にいくつかサーフィンのクラブチームが発足しだし、競技会が開催されるようになった（小長谷 2002）。1964年5月22日付「朝日新聞」によれば、ラジオ・テレビ欄で「サーフィンとは波乗りのことで、大波の上を板つき《ママ》れ一枚に乗ってゆく壮快なスポーツ」「スリルとふんいきを音楽にしたものがサーフィン・ミュージック」と紹介し、当日東京のラジオ局であるニッポン放送がサーフィン特集を組んでいる。また、サーフィンが日本で普及しだすと、トラブルも起こり始めた(71)。

本格的にサーフィンが日本で広まるようになるのは、雑誌『ＰＯＰＥＹＥ』１９７７年５月25日号でサーフィンがとりあげられてからである（小長谷２００５）。それ以来いくつもの雑誌でサーフィン特集が組まれ、サーフィンが流行となった。しかし次第にメディアを介してサーフィンに対する対抗的イメージが形成されるようになった(72)。その結果、サーフィンは一部の生活者にしか受容されなくなり、流行としてのサーフィンが衰退していく(73)。その後大きな流行はないものの、現在ではサーフィンを地域活性化の施策の一つとして自治体が取り組むまでになった）(74)。

②当事者による語り

２００９年10月18日高知県生見海岸で日本サーフィン連盟関西支部主催サーフィン競技会における語りから、サーフィン競技会がライブ・エンタテインメントとしていかなる可能性があるか、を検討していこう。まずは、サーフィンとのかかわり方、大会に出場するきっかけ等、競技参加者複数からの聞き取りを通して、サーフィン競技会の諸相を概観していく。

きっかけはハートブルっていう映画をみて、主演がキアヌ・リーブスだったと思うけど、ラストで波に乗るシーンがあって、日常にはない動きに憧れたんです。それで大学でサーフィンの同好会に入って、自然と大会にでなあかんという感覚があって。ひとつずつ順位をあげるために技を区切って修得する、そういう取り組みで波乗りを当初していました。ただ人を蹴落とすっていう感覚は嫌いなんで、自分自身が上達したらええなあ思ってやっていました。チューブ（輪のようになる波の現象）に入って抜ける事が出来た時は、本当に心からうわーって一人で叫んでいました。なんと言っても自然とひとつになれるのが醍醐味ですね。(75)

競技参加者（インフォーマント5）は、映画でサーフィンの日常生活では体感できない動きに魅せられ大学の同好会でサーフィンを始めた。そして自然と競技会に出場するようになり、技を上達させていった。競技参加者（インフォーマント5）の語りからは相手と「競い合う」という意味は全く伝わってこない。競技参加者（インフォーマント5）がサーフィン競技会に求めているものは、自分自身がサーフィンの技術を向上させるきっかけの場としての機能であり、競技会に参加することは、純粋に「楽しさ」を形成するための機会となるのである。

仕事中も波情報見て、あかん今日、波あるって。僕ね、夜中の仕事しているんで、夜中、中央市場で働いて、朝方、波情報見て、今日波絶対あるわって時は仕事早めに切り上げて、気が気じゃないですよ。仕事中は。（中略）サーフィン始めたきっかけはかっこいいなあと思って、身内にサーフィンをしていた人がいたので。ちょっとずつでも上手くなってくるという楽しさがあり、前回の悔しさを次の大会で晴らすという楽しみが止められなくなりましたね。(76)

彼の語りから浮上するのは、働くモチベーションとしてサーフィンがある。中央卸売市場での勤務形態が夜中であり、その日の朝に波の状態を確認してサーフィンすることが日常化している。加えて、競技参加者（インフォーマント６）にとってのサーフィン競技会は、日常生活の自由時間に取り組むサーフィンを確かめる場となる。前回できなかったことを日常生活に戻り反省し、次の競技会で確かめる。その繰り返しにより、自己認識を成長させていくのである。

サーフィンのことは毎日考えていますね。仕事しながら週2、3回は海に行くようにしています。きっかけは友達に誘われたからです。いろんなスポーツをしていましたが、サーフィンだけはやめんとこかな思ってます。自然のスポーツで波に左右されるんで、あかん時も多いんですけど、いいときの感動がすごいんで。自然の力ですね。いい波乗った時って、普段の生活に戻っても生きて帰ってきたなぁって充実感があり、またがんばろうって

思いますね。又次いつ行こうかなって波のことばっかりかんがえていますね。(77)

競技参加者（インフォーマント7）の語りから伝わってくるのは、サーフィンが彼の日常生活を充実させていることである。競技参加者(インフォーマント7)の日常生活においてサーフィンというスポーツは、生きがいのひとつであり、サーフィンにより自己認識を成長させていることが窺える。サーフィンが競技参加者(インフォーマント7)のアイデンティティ形成にとって重要な役割を果たしていると言えよう。

なかなかね、高校を卒業して熱くなれるスポーツって無いじゃないですか。大人になると、それが何歳になっても、出られる大会とかあって楽しいなって。僕らは時代がサーフィンのブームやったから、先輩もやってたし、友達もみんなやってたから、そのノリでやったかなぁ。（中略）サーフィンって、なんとも言われへん感覚やねんなぁ、本当に。毎回来る道中も楽しいし、友達同士でわいわい来るから。海に来たら波にみんな乗って、さっきええ波やったやんってしゃべるのも楽しいし、周りの人が上手くなっているのを見るのも楽しいしね、みんなでどっか行ったりすることもあるし。サーフィンそのものだけでなく、サーフィンの文化って言うのが楽しい。うちは家族みんなサーフィンをし

てるから、サーフィンがあって日常があるっていうぐらいのもんですわ。(78)

競技参加者（インフォーマント8）の語りにより示されるのは、サーフィンが日常生活に組み込まれていて、サーフィンを通して家族ならびに友人とコミュニケーションが成立しうることである。競技会に出場するのは競技参加者（インフォーマント8）だけであるが、家族全員がサーフィンに取り組んでいる。競技会が終われば家族でサーフィンをすると言う。競技参加者（インフォーマント8）の語りでサーフィンを「文化」と表現していることが象徴しているように、サーフィンをすることによって付随する、海に行って帰るまでの道中での会話や出来事を含んだ行為が競技参加者（インフォーマント8）にとってのサーフィンなのである。加えて、年齢を重ねても友人と一緒に挑戦できる競技会があることに喜びを感じていて、競技会が互いの成長を確かめる場になっているのである。

競技参加者への聞き取り調査で共通しているのは、サーフィンは、「快楽（pleasure）」ではなく、日常生活につながる「楽しさ（enjoyment）」をもたらす機会という点である。彼らは競技会に出場することを目的としてサーフィンをしているのではない。彼らにとって重要なのは、日常生活でおのおのサーフィンをしているなかで、その成果を確かめるのが競技会という機会なのである。言い換えれば、普段の余暇・自由時間におのおののサーフィンで「楽しさ（enjoyment）」を経験し、競技会で「楽しさ（enjoyment）」を確かめている。
では、「受け手」がサーフィン競技会の場において、「楽しさ」を確認するために、「創り手」はサーフィン競技会にいかに関わっているのだろうか。大会運営にあたり大会主催者に現状を聞き取った(79)。

実際、活字を残すであるとかホームページ運営するとか、何をするにもお金かかんねんな。もともとそのお金をどこからもってこようかっていうので、選手のエントリー代でまかなわれへんから、俺らみたいなお店が皆でお金出し合って、協力・協賛金ていう形で、ホームページ運営とか、当日動いているジャッジの日当とか交通費をまかなえるようにしてんねんな。（中略）もちろんもっと出してあげたいねんけど、実際足らんのが現実やな。だからホームページで協力・協賛お願いします、というて動いてはおんねんけど、いかんせんアマチュア団体でしかも店やっている人間ばっかりが集まってるから、自分の営利じゃないから、なかなかみんなそこまで営業活動する人間もいてないわけ。現状は年間5万円もらっている企業が何社かあんねんけど、それも知り合いレベルなわけ。

運営という観点からサーフィン競技会を考えるならば、財政的には非常に厳しいことが窺える。しかしながら「創り手」への聞き取りにより、大口の企業協賛を探すところまで手が回っていない状況が示された。「創り手」による「自分の営利じゃない」という語りが、競技参加者をいかに満足させうるかだけを考えて運営していることを象徴していて、運営費用をいかに効率よく確保するかまでは実行に至っていないのである。大会主催者のほとんどはサーフショップのオーナーなので、サーファー育成のためにボランティア(80)でおこなって当たり前という考え方があるのも事実であろう。しかしボランティアで四国の大会会場までの交通費を自前で払っているのが現状であり、費用の観点からは、「創り手」の利益は見出せない。では、どこに「創り手」は開催する意義を見出しているのか。

　100%はありえへん。だけど、やってて良かったなって、この前家族と一緒に海に行ってよかったなとか。そういう人らの助けになってたら喜びやわな。学生時代サッカーや野球してても、卒業して燃えるもんがなくなって大人になる。その時に、ふと出会ったサーフィンって、個人スポーツで自分ががんばろうと思えばがんばれるわけ。おれらもそれで人生助けてもらったからな。サーフィンがなかったら、酒飲んで、夜中まで遊んで、悪いことしてって、燃えるべきところを間違えたところにもっていってたかも。

野球とかラグビーとかクラブに燃えていた時ならまだしも、大人になって働いて給料もらって燃えるものが無かったら、酒、おねーちゃん、賭博とかにつぎ込むやろな。(81)

「創り手」にとっては、サーフィンを通じた交流の場を創ることにより、サーフィンをさらに多くの生活者に普及させ、サーフィンの「楽しさ」を共有することに開催する意義を見出していることが窺える。聞き取りにより、競技に参加する「受け手」は、普段の余暇・自由時間の場でサーフィンにより「楽しさ」を経験し、サーフィン競技会の場でその「楽しさ」を確かめる。と同時に運営主催者である「創り手」は、場を提供することに尽力し、「受け手」の「楽しさ」を共有することにより「内発的報酬」を獲得していることが示された(82)。

③小括

本聞き取り調査において、サーフィン競技会で各競技参加者は、相手と競いあうということよりも、自己鍛錬に主眼があることが示された。順位を競うことが目的ではなく、普段の「意味のある経験」を競技会で試すことにより自己認識を発展させているのである。チクセントミハイによれば、「楽しさ」の形成により「内発的報酬」を獲得するためには、行為への機会と行為の能力のバランスが肝要である（Csikszentmihalyi 1975=2000）。競技会は、「受け手」にとって普段の「楽しさ」を確かめる機会である。「受け手」は参加経験を反省することにより、「身につく」機会となり、さらなる「楽しさ（enjoyment）」につながりうる。

一方、主催者側「創り手」の競技会運営における「楽しさ」は、「受け手」の「楽しさ」を共有することである。「受け手」と「創り手」が「連帯意識」を形成することにより、サーフィン競技会は「受け手」にとって「楽しさ」を経験しうる場となるのである。しかし、「創り手」の語りから、競技会を運営するために資金を集める苦労が示された。サーフィンの啓蒙・普及を目的とするならば、マスメディアなどを介して伝えることは有効な手段になりうる。主催者側「創り手」の苦労を取り除くために、資金提供可能な「創り手」といかに「連帯意識」を形成しうるか、という課題が事例から導かれるのである。

二．音楽からライブ・エンタテインメントを考える。

２０１９年版『レジャー白書』によれば、年間２３１０万人（２０１８年実績）が音楽に関連するイベントに参加していて、市場規模においても年間２９４億円[83]で、日本において代表的なライブ・エンタテインメントの一つになっている。事例としてとりあげるのは、夏期に野外でおこなわれる音楽イベント（以後夏フェス）と地域住民が地元商店街の活性化を目的にしてはじめた音楽イベントである。前者は主催者がイベント会社ならびにＴＶ局で、そこに広告主など企業が加わって成立した大型イベントであるサマーソニックと大阪のラジオ局がリスナー無料招待という形態で開催しているミート・ザ・ワールド・ビートである。後者は地域住民がＤＩＹ[84]で運営をはじめ、２日間の開催で少なくとも20万人が参加する高槻ジャズストリートである。夏フェスの事例としてとりあげるサマーソニックとミート・ザ・ワールド・ビートは商業化されたライブ・エンタテインメントという点では共通しているが、参加料が有料か否かという点に決定的な差異がある。加えて夏フェスの2事例と高槻ジャズストリートというＤＩＹ型ライブ・エンタテインメントでは、「受け手」と「創り手」の関係に差異が生じる。市場経済という観点から対照的なイベントを検討することにより、「創り手」のかかわり方ならびに「受け手」の参加形態の差異を示していく。

(1)「夏フェス」

①「夏フェス」とは

夏フェスの草分け的存在は１９９７年に開催されたフジロック・フェスティバルである。「ぴあ関西版」２００９年7月16日号によれば、「自然の中で自由に音楽を楽しむという価値観を提唱したフジロックの開催は画期的な出来事だった」と記述されているように、フジロック・フェスティバルはじめ「夏フェス」は、生活者に音楽の新たな視聴形態を提供した。

フジロック・フェスティバルは１９９９年に苗場に場所を移してから今に至っている。同号によれば、「１９９９年から２０００年にかけて日本各地でフェス・カルチャーが花開いた時期でもあった」(85)と指摘がある。夏フェスが歴史を重ねるにつれて、アマチュアの頃夏フェスに「受け手」として体験した世代が、今度は出演者として、地元を盛り上げようと、アーティストが地域貢献という目的で参加する例も顕在化した(86)。

夏フェスが乱立した結果、近年ではフェスバブルともいわれる現象が起こり、開催時期の重複により、会場や出演アーティストの確保が困難になる状況やオーディエンス（観客）の分散化も生じるようになった。同時に、受け手がロックイベントに稀少性を感じられなくなった。その結果、明確な理念を打ち出せないまま後追いでスタートした地方イベントの中には、動員数が伸びず、中止や縮小といった状態に陥る例も散見される(87)。ライブ・エンタテインメントの考え方や特徴を「創り手」から「受け手」に提示する理念や他のライブ・エンタテインメントに参加しても経験できえない独自性が、「フェスバブル」の現状において必要な観点であると言えよう。

そのなかで、サマーソニックは２０００年から始まり、実地調査した２００９年には、東京・大阪２会場で約20万人の動員があった(88)。サマーソニックは、新聞記者という立場でイベントを考察した西田浩により研究がすでにおこなわれている（西田 ２００７）。英国のグラストンベリー・フェスティバルを手本に自然を理念の基本にしたフジロックが夏フェスとしての地位を固めた後、サマーソニック[89]がロックイベントとして地位を固めていくうえで重要なポイントは都市型という点である（西田 ２００７）。都市型という理念のもと、サマーソニックは、生活者にとっても交通の便がよく気軽に足を運べるがゆえに、出演者の充実がさらに生活者に足を運ばせる動機となっているイベントである[90]。出演者の充実ゆえに、当然、生活者が「受け手」として参加するためにチケットを何らかの方法で購入する必要がある[91]。

一方、ミート・ザ・ワールド・ビートは、大阪のラジオ局ＦＭ８０２の聴取者（リスナー）招待制無料音楽ライブ・エンタテインメントであり、２０１９年で30回目を迎えた。もともとは、ＦＭ８０２が開局1周年を記念して大阪市此花区のＪＲ宇治川駅構内イベントスペースで１９９０年に催された。第2回目から場所を移して、大阪府吹田市の大阪万博記念公園もみじ川芝生広場で２０１９年の30回目まで催されている。聴取者からの応募をもとに抽選で招待者が選定されるのだが、１９９１年の第2回目約3万通だったものが、２０００年には約35万通、２００1年からはハガキに加え、インターネットや携帯電話での応募が可能になり、約160万通の応募となった[92]。

サマーソニックとミート・ザ・ワールド・ビートの決定的な差異は、サマーソニックにおける「受け手」は、参加するためにチケットを購入するのに対して、ミート・ザ・ワールド・ビートにおける「受け手」は、抽選で選ばれ、「無料」で参加することである。本項では、関西圏の夏フェスを代表する2つの音楽イベントを事例として、ライブ・エンタテインメントを検討する。

②サマーソニックでの当事者による語り

夏フェスの特色である「1イベントで、100組200組という膨大なミュージシャンを見る機会を持てること」（西田 2008：197）は、サマーソニックの会場でおこなった「受け手」への聞き取り調査でも確認できた。

見たいバンドが来日しても、せいぜい福岡とかじゃないですか。あと大阪とか東京とか、（遠すぎて）全然見にいけないんですよ。（中略）一度に何組ものアーティストが聴けるので、チケット代の価値はありますよ。バイトも7月までこれのためにやって。だから1年でライブを見に来れるのがこれだけなんで。(93)

20歳代男子学生である「受け手」は友人と毎年、大分からサマーソニックの会場に足を運んでいる。その理由として、地方都市において聴きたい出演者が欠乏していることをあげている。「受け手」（インフォーマント10）にとって、サマーソニックに参加する動機は、出演者の充実である。加えて、たとえバイト代で貯めた貯金をすべて使いきろうが、一度に多くの出演者のステージに参加できるので、貴重な経験になるのである。

一方、出演者の充実に引きつけられる「受け手」という観点から、「創り手」はいかに生活者を捉えているのか。「創り手」から次のような感覚を聞き取った(94)。

大阪に住んでいる人は贅沢ですね。例えば、外国の大物アーティストが来日するというのをニュースで知ると、大阪にはいつ来るんだろうって発想がまずありきなんですよ。つまり今回見逃せないという意識が薄いんですよね。まあまた次の機会で、みたいな雰囲気を感じる。

「受け手」（インフォーマント10）ならびに「創り手」から示されたのは、東京や大阪といった大都市圏に公演が偏り、その他地方都市では目にすることができない、という現実によりライブ・エンタテインメントの稀少性に差異が生じるということである。

地方都市の生活者はチケット料金に加えて交通費もその都度負担することになる。したがって「受け手」（インフォーマント10）からの聞き取り内容からも明らかなように、一度に多数の出演者の演奏に接することは、地方在住の「受け手」にとっては、貴重な機会であり、稼いだバイト代をすべてチケット料金と大阪までの交通費および宿泊費に使ってでも、サマーソニックに参加するのである。

一方大都市であれば、オーディエンス（観客）の需要が見込め、（「受け手」の発言にもあるように）東京や大阪と言った大都市圏は施設などの面で恵まれた環境に置かれている。それゆえ、「創り手」にとってはライブ・エンタテインメントの開催をおこないやすいことが考えられる。したがって、大都市圏に音楽に関するライブ・エンタテインメントが集中することにより、結果として地方都市の生活者に比べてサマーソニック出演者に対する稀少性は少低いことが伺えるのである。

生活者にとってチケット料金というのは、ライブ・エンタテインメントに参加する判断材料になる（西田 2008）。先のインフォーマント（インフォーマント10）の聞き取りからもチケット料金が高いと感じるかリーズナブルと感じるかは生活者個人の感覚であろう。しかし、多くの生活者が試しに参加してみようと考えるにはチケット料金は重要な要素となりうる。

先にライブ・エンタテインメントと産業の関係を検討して確認したように、経済活動としてあればあるほど、ライブ・エンタテインメントにおける企業協賛はチケット価格に連動する。サマーソニックは、経済活動としておこなわれているので、協賛という視点は看過できない問題である。1969年のウッドストックの創設メンバーであるラングが1994年にウッドストック25周年、1999年に30周年記念フェスティバルを行った際、次のように述べている。

マスコミの中には、僕たちがペプシ・コーラなど大企業のスポンサーシップをつけたことを〝オリジナル・フェスの純粋な精神を汚した〟とめくじら立て、非難の声を上げる論者もいたが、それは時代のコンサート・ビジネスの常道、ウッドストックといえども例外ではなかった。

（中略）もしスポンサーをつけなかったら、フェスティバルのチケット代はもっとずっと高額になっていたことだろう。（Lang 2009=2012: 398）

企業から協賛をとることはライブ・エンタテインメントをビジネスとして成功させるには、重要な要素である(95)。チケット料金の適性価格という視点から、「創り手」はチケット料金をいかに考えているのだろうか。

僕は高いとは思わない。今年（2009年）の金曜日のラインアップなんか、正直、スタッフ辞めて客としてみたかったですよ。それくらい豪華なラインアップです。再結成ユニコーンみれて、レディガガみれて、ビヨンセをフルでみれて、これで１３０００円はかなりお得感あるでしょ。でも結果チケット完売とはならなかった。僕らも赤字ぎりぎりです。これ以上下げたらボランティアです。（中略）今はどの局もメセナは無いですね。ビジネスとして成立しないイベントには手を出さない。(96)

とあるように、インフォーマント（インフォーマント10）からは、サマーソニックのチケット価格は、決して高いものではなく、逆にもう少し料金を高く設定しても価値はあることが示されている。

ライブ・エンタテインメントの「創り手」としてサマーソニックにかかわっている別のインフォーマントからは、

劇的（極端に下げる）には難しいですね。いまでもギリギリですし。いずれにしても高くないと思うんですよ。一回来てもらったら解ると思うんですけれど。１３０００円とかって額だけでみれば高いかなぁと思うんですけど、決して損は・・・。フジロックとかと比べると安いし、もともと安い金額で、って言うのもコンセプトでやったんで。それももちろんこんな時代ですので、少しでも安く設定はしたいなぁと思うんですけれども、なかなか下げるのは難しいかなと思いますね。もっとそれよりもその中でもっとクオリティを高くして、遊べる空間を工夫できればなぁと。(97)

この「創り手」(インフォーマント12)への聞き取りにより、当初からサマーソニックは価格に関しては留意していたことが示されている一方で、内容を考慮すると、採算が見込める最低のラインで価格設定をおこなっていることが窺える。「創り手」としてサマーソニックに関わっているインフォーマント両者により、チケットの価格設定は妥当であり、今以上に価格を下げると損失をこうむる可能性がある、ということが示されているのである。

では、チケット価格の適正化という視点から、さらなる企業協賛はチケット料金を軽減しうるのだろうか。

冠はねえ。つくとやっぱりカラーになっちゃうのであんまり冠スポンサー(98)的なものは考えていないんですけれども。そりゃ、額がとんでもなく大きいとか状況がよかったりとかだったら別なんですけれども、カラーにあったスポンサーや協賛社があればどんどん一緒にやっていければ、相乗効果でよくなるなぁと思っています。(99)

インフォーマントによる「カラー」という発言には、サマーソニックの都市型という理念に理解を示し、共にイベントを運営していく意識を持っている企業の協賛を求めている「創り手」の意図が示されている。また「創り手」からは、

現状(2009年)企業協賛費は全売上の1割にも満たないです。あくまでチケットベースです。僕らとしては協賛社に対して競合排除なしってことでお願いしているんですけど、なかなか現実問題厳しいですね。(中略)お客さんには、コカコーラもペプシも両方飲める環境を提供出来ればと思いますし。(中略)冠協賛に関しては、積極的に取ろうとはしていません。過去ある企業に冠をしていただいたんですけれども、競合排除に加えていろんな制約があって、これはちょっと厳しいかなと。それに毎年レギュラーでついていただいている飲料メーカーさんもいらっしゃる中、例えば、ある飲料メーカーさんが新たに冠に付いたら、今まで応援していただいてきた飲料メーカーさんに協賛をお断りしなければならない。それはちょっと違うんじゃないか、と。なので基本、冠作業はしていないんですね。それでもこちらの条件にそって冠協賛いただける企業さんが付けば、チケット価格が下がるという可能性は考えられますが。

「創り手」両者（インフォーマント11、12）に共通しているのは、冠協賛の広告主がライブ・エンタテインメントの内容に干渉することにより、理念そのものを変更せざるを得ない状況への懸念が示されている点である。宮入恭平と佐藤生実によれば、夏フェスにも資本主義は存在するが、理念に則った資本主義であり、形式的で利益優先型の資本主義ではないので、多くの「受け手」から注目を集めることになった（宮入・佐藤 2011）。宮入と佐藤の議論を裏付けるように、サマーソニックにおける「創り手」への聞き取りにより示されたのは、主催者のイベント理念への協賛企業の賛同が重要であるという点である。

「創り手」はライブ・エンタテインメント運営資金を企業協賛に多く依存してしまうと、協賛企業の意向を尊重せざるをえない。ところが、「受け手」からのチケット収入が、ライブ・エンタテインメントの主たる収入ならば、「創り手」は「受け手」だけ向き合っていればよいのである(100)。つまり、運営という観点から、「創り手」にとって協賛収入は無視できない要素である一方で、協賛企業に「連帯意識」が欠如していると、「創り手」の中で「受け手」に提供するイベント理念を崩す「不協和音」が生じうる。「創り手」が懸念しているのはサマーソニックの理念が崩れてしまうことにより「受け手」が離れてしまうことなのである。

では、先のインフォーマントによる「出演者の充実」という物理的側面以外に、「受け手」がサマーソニックに引きつけられる要素とはいかなるものなのだろうか。たとえば、「受け手」

に焦点をあてた研究として、永井は「受け手」の夏フェスの価値について、聞き取り調査を中心に考察している（永井 ２００８）。永井によれば、「受け手」にとって夏フェスは音楽を聴くという行為より「創り手」と「受け手」あるいは「受け手」同士による一体感[101]に価値がある[102]（永井 ２００８）。音楽を聴くという行為以上に、会場での一体感など心理的要素が強いのが、夏フェスの一側面であることが伺えるのである。

サマーソニックが「受け手」にとって価値のあるものならば何度でも参加することは想定できる。本研究において「受け手」インフォーマント選定に留意したのは複数回参加している「受け手」である[103]。

そうですね、やっぱり生で聞いた方がパワーもらえますね。スケールの違いとか他のお客さんとの一体感ですね。[104]

いろんな音楽に出会えるとか、開放感とか、都会の中にありつつ結構自由な広場が広がってて、なんかオープンな感じが気持ちよくって。やっぱり屋外で開放的な感じがして。やっぱり一日がかりでこんだけの人がいて、一種のお祭りみたいな感じで。暑いのもいいですね。（中略）そうですね、結構このオープンな、みんなが自由に楽しんでい

る感じは共通点、共通点というか、共通のものだと思いますね。(105)

何人も好きなアーティストがでているから。それからスケール感とか、他のお客さんとの一体感とかですね。(106)

ウッドストックに子供ころにあこがれていたんで、サマソニ（サマーソニックの略）に行ったときウッドストックみたいなもんじゃないですけど、そのイメージに近いものを感じたところ。音楽でひとつになるのっていうのはすごい力だなって。（中略）みんなで一緒に唄うのもそうやし、こぶし振り上げるのも。ダイブとかもそうやね。日常で人にダイブしたらなんやねんってなるやろうけど、ここではそれが一体となれるからね。暑いしフラフラやけど。(107)

「受け手」にとっての夏フェスの価値として会場との共時性による一体感が魅力の一つとなっている。加えて、その一体感には、ウッドストックを理想型とする夏フェスの雰囲気が必要なのである。夏フェスの雰囲気とはなにか。「受け手」への聞き取りにより、サマーソニックの場において、夏フェスの雰囲気をノリに求めていることが以下のように顕著に示されている。

知っている曲はやっぱりノレますけれども、知らない曲でもそこから、あ！こんなええ曲あるんやって、学ぶっていうか、学ぶはおかしいんですけれど、知ったりして後からCD買いにいったりとかして。(108)

知っている曲は盛り上がりますけど、知らない曲は聞いて楽しんでます。(109)

やっぱり好きなアーティストで好きな曲が流れると、わぁーってなりますね。知らないアーティストや曲でも周りの雰囲気で多少。基本は周りの雰囲気。(110)

知っている曲でも知らない曲でもノリは感じる。サマソニで知って聞き出した人いるから。技術の差とか若いのにすげえノリがよかったら知ってる知らないに関わらずノレますね。(111)

つまり、サマーソニックは、他の夏フェス同様、多数の出演者で構成されているが、知らない出演者の曲であろうが「受け手」にとって、通常のコンサートやライブで知っている曲に反応してノル(112)という体験ではなく、「その場の空気を読んでそれに合わせるようなノリが重要」(永井２００８：188)であることが示されているのである。

では、サマーソニックで経験するノリは、日常生活につながりうるのだろうか。サマーソニックに参加してから、日常生活に戻ったあとの状況について「受け手」に聞き取りした主な語りとしては、

そうですね、エネルギー使いますけど、その分貰っている感じはしますし。十分パワーもらったりとか。(113)

パワーをもらいますね。ＣＤで聞くより生で聞いたほうがパワーをもらいます。(114)

やりきった感がありますね。すっきり感というか。(115)

すがすがしいですね。脱力感も含めて。それとモチベーションになりますね。又絶対いったんねんって。サマソニに向けて、その期間は絶対仕事早く終わらせて、みたいな。

いいライブ見れた時は最高です。こんなライブ見してくれてるんやって。アーティストに神が降りてきたって感じの陶酔感の瞬間を感じた時ですね。アーティストがすげぇ声の出し方とか完璧なショーやったなみたいな。(116)

サマーソニックに複数回参加している「受け手」を対象にインフォーマントを選定した結果、聞き取りにより示されたことは、サマーソニックは非日常の場であり、夏フェスの表層的な側面に依拠した参加形態であることが示された。しかし、インフォーマントからの聞き取りにおいて、「モチベーションになる」や「パワーをもらったり」といった表現は、サマーソニックに参加することで、日常から回避し、自分を取り戻すための行為ということを示しているのである。

③サマーソニック小括

夏フェスであるサマーソニックは、「受け手」にとって音楽そのものを聴く目的だけの場ではない（永井 ２００８：宮入・佐藤 ２０１２）。その場では、音楽を生で聴くという目的以外に会場との一体感、開放感・スケール感といった音楽を聴くための環境、すっきり・やりきったといった達成感など、心理的要素が「受け手」にとって、ライブ・エンタテインメントに参加する魅力となる。

「受け手」への聞き取り調査では、参加した経験が日常生活に戻ったあと「身につく」機会になりうる、というものは管見の限り聞き取れなかった。「受け手」への聞き取りで示されたのは、「パワーをもらう」、「やりきった感」など日常生活に戻るための「充電」という側面と、再び経験したい、という日常生活で願望を果たす非日常における「発散」という側面である。サマーソニックに参加することでの「発散」あるいは「充電」は、日常生活に戻るために「リセット」される「意味のある経験」と言えよう。

一方サマーソニックの「創り手」への聞き取りで示されたのは、主催者のイベント理念にいかに協賛企業が賛同しうるか、と言う点であり、主催者と「受け手」がイベント理念に「連帯意識」を形成するにあたって、協賛企業がいかに寄り添えうるか、という点である。チケット価格の運営費に占める割合を低くするには、企業などからの協賛に頼らざるをえない。しかし、ある「創り手」の要求により「創り手」同士に「不協和音」が生じたならばライブ・エンタテインメントの理念に齟齬をきたす懸念がある。サマーソニックの理念を発展させるために、「創り手」間で「不協和音」を生じさせることがなければ、「受け手」にチケット価格の逓減という経済的なメリットがもたらされる可能性がある。

サマーソニックの「受け手」への聞き取りで示されたのは、「発散」や「充電」を目的とした「受け手」像であり、「快楽（pleasure）」に依拠した「意味のある経験」であることが導かれうる。

サマーソニックにおける「快楽（pleasure）」は、日常生活に戻るための「受け手」の「リセット」であり、日常生活に戻り、再びリセットするための参加願望が生じうる。もし生活者が躊躇なく参加できうる価値と実際のチケット料金との釣り合いが取れれば、より多くの生活者が参加できるライブ・エンタテインメントとしてサマーソニックは、社会的意義を有する。したがって「受け手」のチケット料金の低減による「受け手」の経済的メリットの享受という視点は検討に値するのである。

④ミート・ザ・ワールド・ビートにおける当事者による語り

本事例は、２０１１年7月24日に催されたライブ・エンタテインメント会場ならびにその前後での聞き取り調査を中心におこなっている。

ミート・ザ・ワールド・ビートはオーディエンス（観客）が無料で参加可能な夏フェスである。参加料無料という点がフジロック・フェスティバルやサマーソニックなど他の夏フェスとの明確な違いである。ミート・ザ・ワールド・ビートは応募による抽選で招待者が決まり、「受け手」の多くはＦＭ８０２の聴取者で構成されている。いかに始まり２０１９年で30回目を迎えるほど持続できたのか。始まった経緯に関して、以下のような「創り手」の証言がある。

８０２リスナーの皆さんに、年に一回、音楽を何か形のあるものとして還元したいという、感謝の気持ちがきっかけでした。ミート・ザ・ワールド・ビートを始めた時は、ほとんど夏フェスがありませんでした。（中略）その後、多様なコンセプトの音楽フェスが、関西だけでも毎週のように開催されるようになっています。もちろん、全部、有料です。ミート・ザ・ワールド・ビートは、無料招待という点が、大きな特徴の一つです。(117)

主催者である「創り手」は「受け手」の参加を無料にすることで、ミート・ザ・ワールド・ビートに、「聴取者への年に一回の還元」という理念を付与した。チケットの無料化という視点から、「創り手」は、次のように語っている。

いろいろなアーティストが一気に見れて、アーティストだけではなく、いろんな人たち、参加している人たちと一体感を持って、関西のエンタメシーン（エンタテインメント・シーン）を確認でき盛り上がれる場ですよね。（中略）こういう無料イベントはスポンサーがつかないと成立しない。そのうえ802としてもレーティング（聴取率）をかせぐ（とる）というかいろいろな戦略の中で位置づけされているイベントだと思うので。（中略）802のCI(118)としての意味あいも入っていると思いますが、メディアイベントとし

て大成功じゃないですか。(119)

「創り手」（インフォーマント17）の発言が示しているのは、ミート・ザ・ワールド・ビートの魅力には流行の確認という側面があることである。ラジオ局の放送を聴いて応募した結果、参加できる「受け手」は、「創り手」からラジオ放送を通じて送られてくる流行に「ノル」のである（Robins 1996=2003）。つまり生活者がライブ・エンタテインメントに参加する目的のひとつとして、流行にノリ遅れないための参加という側面があることが浮上するのである。

しかしミート・ザ・ワールド・ビートは、抽選で当選しなければ参加できない。さらに、放送中に抽選に参加するためのキーワードが複数発表されるので、放送を聞いていないと、抽選に参加することはできない仕組みになっている。すなわちミート・ザ・ワールド・ビートは、「受け手」にとって当選しなければ参加できないという点で稀少価値の高いライブ・エンタテインメントなのである。

ライブ・エンタテインメントに無料で参加できる機会があるということは、多くの生活者が参加できる契機となる。チケット代金が無料ということは、時間さえあればお金をかけることなく試しに夏フェスに参加できうるからである。三者間市場の観点から考えるならば、「受け手」の参加料を無料にするには、広告主など出資者が運営費のすべてを捻出せねばならない。

ミート・ザ・ワールド・ビートはいかに運営されているのだろうか。

スポンサー各社他のご協賛・ご協力を得て、イベントを成り立たせています。しかし、イベント収支面では、人件費や間接費などを含めると、利益はほとんど出ていません。赤字になると、なかなか続けることが出来なくなりますから、そこはギリギリキープしています。(120)

主催者にとって、ミート・ザ・ワールド・ビートは収益だけを考えれば、採算が見込める最低ラインであっても成り立たせるだけの価値があるライブ・エンタテインメントなのである。なぜならば、平常から付き合いのある企業（広告主）と聴取者に対して、ライブ・エンタテインメントを開催することで存在感をアピールすることができ、聴取者のさらなる拡大が期待できるライブ・エンタテインメントであるならば、たとえライブ・エンタテインメント単体での利益がなかったとしても、広告コミュニケーションとしては十分な役割を果たしうる。と同時に、収益の側面で「ギリギリ」を脱するには、協賛スポンサーは多いに関係すると言えよう。では主催者は協賛企業をいかに捉えているのか。

多額のイベント制作費かかりますから、一社で全制作費を負担してもらうということは、難しいです。（中略）以前、冠スポンサーとして、あるクライアントにセールスしたこともありましたが、もし、冠スポンサーがついていたら、ミート・ザ・ワールド・ビートは続いていなかったのではないかと思います。複数のスポンサー協賛で成り立っているので、仮に、A社の協賛が無くなっても、冠協賛に較べて、営業は、それに代わる協賛社を獲得しやすいです。結果として、複数の協賛社でずっと続けてきています。（中略）ミート・ザ・ワールド・ビートは、ある意味、スポンサーも含めて、〝運命共同体〟のような感じで成立しているのではないでしょうか。第1回目から、ずっと協賛いただいているスポンサーさんも数社あります。ミート・ザ・ワールド・ビートは、スポンサーにとっても特別なイベントと捉えて頂いている面もあるようです。[121]

ミート・ザ・ワールド・ビートは結果として、複数の協賛社により構成されるライブ・エンタテインメントとなったが、主催者は冠協賛に対して先のサマーソニックの事例同様、慎重な対応をとっていることが窺える。「創り手」（インフォーマント16）への聞き取りで示されたのは、協賛社1社に依存することなく、複数の協賛社を含めた「創り手」による連帯意識がミート・ザ・ワールド・ビートに内在している点である。「受け手」が無料で参加できるライブ・エンタテインメントという理念のために、「創り手」は連帯意識を形成する。

２０１1年のミート・ザ・ワールド・ビート会場における協賛社の広告コミュニケーションとしては、ステージ横のバナー広告やオーディエンスが飲食するテーブル上のパラソルに企業ロゴ掲出、ブースでの商品掲示や試供品サンプリングなどである。その中で商品掲示をしていた、あるレジャー産業の担当者は次のように語っている。

ミート・ザ・ワールド・ビートに魅かれた理由は無料のライブ、ＦＭ８０２のネームバリュー、そして地域性ですね。それに客層も若すぎず、ファミリー層も多いし。何と言ってもここに集まってくるということはフットワークが軽いということですものね。(122)

企業が協賛費という出資を行っている以上、成果を期待するのは当然である。広告主として参加しているインフォーマントにとっては、特に「受け手」層と地域が明確なところに魅力を感じているのである。加えて、レジャー産業にとって、フットワークが軽い「受け手」とコミュニケーションをとることは魅力的な要素であることが窺える。

では、主催者であるラジオ局は「受け手」をいかに捉えているのだろうか。

音楽イベントでは、特にコアなファンのいるアーティストが出演すると、その時だけ熱くなり、それ以外のアーティストの時は、あまり盛り上がらない、時には、会場の外に出るなどというケースがあります。ＦＭ８０２のイベントは、基本的に、ラジオリスナーが参加するので、どのアーティストに対しても、温かいですね。(中略) ラジオは、いつも自分が好きな曲だけが放送されるわけではありません。もちろん、今のヒットチューンや好みの楽曲もオンエアされます。しかし、「全く初めて聴いたけれど、この曲、いいなあ」というように、音楽やアーティストとの新しい出会いを提供出来るのがラジオです。(123)

「創り手」(インフォーマント16) により示されたのは、ミート・ザ・ワールド・ビートにおける「受け手」はさまざまなジャンルの音楽を聴く多様性を持ち備えている点である。目当てのアーティストだけを目的とするのではなく、ライブ・エンタテインメント会場で新たな音楽の発見という視点が「受け手」に内在している。加えて、「夏フェス」の特徴である野外という要素がある。ミート・ザ・ワールド・ビートの場で「受け手」から聞き取りをした結果、代表的な発言として以下のようなものがあった。

音楽聴きながら、お祭りみたいに楽しめるところじゃないですか。それは普通のライブと違うところですね。(124)

箱（コンサートホールなど）と違って音が開放的というか、そんな感じ。(125)

「受け手」にとっては、日常生活から解放され、非日常の場で「発散」あるいは「充電」し、再び日常生活に戻っていく「意味のある経験」なのである。

と同時に、無料で参加できるということは、マスメディアなどからの情報をもとに夏フェスに試しに参加する「受け手」も一定数いることは想定できうる。「受け手」への聞き取りで印象的だったのは、「一体感は、想像していたより感じなかった。一体感を創りだすのは、アーティストの技量による」(126)という指摘であり、出演するアーティストのパフォーマンスにより「楽しませてもらう」という受動的な「受け手」の側面なのである。生活者はラジオからの情報を受容し、野外イベントの「物語」を創り出す。「夏フェスでの一体感」という表層的な「物語」をもとに参加する「受け手」にとって、ミート・ザ・ワールド・ビートは「楽しさ（enjoyment）」を経験する機会ではない。

⑤ミート・ザ・ワールド・ビート小括

宮入恭平と佐藤生実は、音楽のライブ・エンタテインメントを、「劇場型（予定調和的な要素に依存）」、「偶発型（偶発的な出会い）」、「親密型（私的なつながりが前提）」に類型化した（宮入・佐藤 2011）。ミート・ザ・ワールド・ビートは先の特徴はすべて兼ね備えているライブ・エンタテインメントである(127)。加えて、聴取者（リスナー）が日常でラジオを聴く行為が、ライブ・エンタテインメントの参加につながるという仕組みを通じて、ラジオ局は生活者とコミュニケーションを図る。生活者の趣味の多様化に対応し、さまざまなライブ・エンタテインメントの選択肢を「創り手」が無料で「受け手」に提供するという視点は、ライブ・エンタテインメントの社会的意義として検討に値しよう。

ミート・ザ・ワールド・ビートは、ラジオ局が主催者となって、リスナー（聴取者）が夏フェスに無料で参加できる。と同時に、当選者しか「受け手」として参加できない稀少価値の高いライブ・エンタテインメントなのである。無料で参加できる夏フェスとして、生活者に対して、試しにライブ・エンタテインメントに参加する契機を提供する点で社会的に意義のあるライブ・エンタテインメントであり、商業的に成功したライブ・エンタテインメントであると言えよう。

では、「受け手」はミート・ザ・ワールド・ビートで「楽しさ（enjoyment）」を経験しうるか。ラジオを聴いて応募にして抽選の上参加できるという形態がミート・ザ・ワールド・ビートである。「受け手」はおのおの「物語」を創りだす。「受け手」が創り出す「物語」は、「楽しさ（enjoyment）」に立脚するものもあれば、「快楽（pleasure）」に立脚するものもあろう。しかしながらミート・ザ・ワールド・ビートにおける「受け手」から聞き取りした限り、「楽しさ」に立脚した経験を期待するものではなかった。

（2） 高槻ジャズストリート

①概要

１９９８年以来毎年5月3、4日に開催され、２０１９年で21回目を迎えたのが高槻ジャズストリートである。高槻市は大阪府の北部に位置し、平成27年度国勢調査によれば、昼間人口３０９３８９人に対して夜間人口３５１８２９人で、大阪のベッドタウンの一つとして機能している。原則出演者・観客とも無料で参加可能であり、ＪＲ及び阪急の高槻駅を中心として全72会場（２０１９年度）で演奏及び催し物がおこなわれ、出演者に関してもジャズを生業としている出演者と、ジャズを生業としていない出演者が混在している[128]。２０１９年は5月3、4日両日で少なくとも20万人が参加している音楽イベントである[129]。そして、なにより街が一体となって取り組んでいで、イベント当日は映画館、教会、寺社、さらに普段は市内を走るバスなどもライブ会場に様変わりする。イベント当日は高校生も制服でパンフレットを配布するなど、高校生から社会人、シニアに至るまでボランティアで構成される実行委員会がイベントの運営を担っている。受け手（観客・オーディエンス）も、地域住民、観光客、ジャズを愛好する近隣府県の生活者が混在している。

②当事者（主催者）による語りからの考察

主催者は、地域住民が中心となってボランティアで構成されている実行委員会である。主催者と広告主は高槻ジャズストリートではいかにかかわっているのか。フィールド調査を進めて、主催者の中心的人物に聞き取り調査することに至った。インフォーマントにとって、高槻ジャズストリートを開催するきっかけは、GW中に商店街を活性化させることが目的であった。インフォーマントから事情を以下のように聞き取った。

> 高槻は俗に言うベッドタウンなので、GWや年末年始などのシーズン中、町はがらがらでゴーストタウンみたいになっていたんです。（中略）1回目は実行委員20人、18会場で始めました。1会場1人ぐらいの割合で、半泣きになりながら一人でどないしようかなと。2回目の時は実行委員が200人ぐらいになってそれから広がっていったという感じです。(130)

インフォーマントから高槻ジャズストリートの主催者が拡大していった様子が窺えた。では主催者はイベントをいかに捉えているのか。

誰かが儲けるためにやっているわけではない。楽しくやりたい。（中略）いろいろケチをつける人もいるけど。みんなが楽しめるように、と思って労力を出してくれているわけですから。参加してる人、来てる人も何か手伝う、それが参加型のイベントということなんだと思うんですよ。（中略）普通に一緒に楽しめる人たちが集まるような祭りなら、一緒に楽しめるし。そのためなら寝ずにがんばれるし，そういう祭りにしたいですよね。(131)

こうした主催者によるイベント理念をもとに２０１９年で21回目の開催となり、開催日には少なくとも20万人が参加するイベントになった。

高槻ジャズストリートでは、当初受け手として参加しているうちに、主催者に変容する場合がある。高槻ジャズストリートの運営には、そういった主催者で多く構成されている。実行委員会のスタッフとしてイベントに参加している主催者から、オーディエンスから主催者として立場を変えてなぜ参加しようとしたのか聞き取りをした。

今回で3回目となります。過去2回は近所づきあいで観客として参加していました。はじめて演奏を聴いたバンドがあまりに心に響いてＣＤ買ったこともあります。（中略）このイベントに参加することはなんといってもイベントを運営するひとからおもしろい雰囲気が伝わってくるんですよね。なんだこのイベントは？ってびっくりしましたよ。それで運営に参加したいと思いました。（中略）他のメンバーも集客のために自分たちも盛り上げていくぞという意気込みでボランティアとして参加しています(132)。

最初は観客として好きなステージだけを楽しんでいました。（中略）その当時からスタッフ（主催者）の一体感はすごいなって感じていたんですが、知人が実行委員としてイベントに参加することになって、一緒に（実行委員として）参加することになりました(133)。

受け手から主催者へと立場を変えて参加している二人に共通しているのは、受け手として参加している時から、高槻ジャズストリートの主催者に一体感があることを感じているのである。街を盛り上げていこうとする思いに賛同することにより、結果として主催者という立場でイベントにかかわるようになったのである。そして高槻ジャズストリートで特筆すべきは、「創り手」としてボランティアサークルや大学の教育の一環で一定数が参加する場としてライブ・エンタテインメントが機能していることである[134]。

今回で4回目の参加です。普段は、週一回程度ボランティア活動をしています。何かお役に立ちたいという思いがありまして。（中略）もともとジャズとかダンスには興味あったのですが、地元を盛り上げるためにジャズのイベントをしていて、そこにボランティアとしてかかわれるのはうれしいですね。[135]

「創り手」として参加しているインフォーマントへの聞き取りから示されたのは、ジャズを通して日常生活の場を活性化することというイベントの思いに共感し、「創り手」は「連帯意識」を形成している点である。

③当事者（受け手）による語りからの考察

では、「受け手」は高槻ジャズストリートをいかに捉えているのだろうか。「受け手」には、地域住民だけでなく、マスメディア等の情報を通じて近隣・遠方から参加する生活者もいる。地域住民と地縁のない「受け手」にはいかなる意識の相違が示されうるのか。阪急高槻駅近傍で映画館を運営している地域住民に高槻ジャズストリートが地元で開催される意義について聞き取りをした。

まず無料であることと、街あげてのお祭り的な感覚がいいんですよね。それとジャズなんて普段商店街歩いても聞かないものが、ＢＧＭとして街全体に流れている感じがたまりませんね。それに出演者も多く選択肢がたくさんあるのもいいです。普段街で話すひとが出演していたりして、それを当日知った時は驚きとともに親しみというか思わず聞き入ってしまいますね。（中略）初めて耳にしたアーティストの演奏が気に入ったらその場で売っているＣＤ買いますね。その場で終わってしまうのがもったいない気がして。（中略）高槻ジャズストリートのおかげでジャズを普段から聞くようになりました。どんなアーティストに出会えるか毎年楽しみにしてます。(136)

聞き取りにより示されたのは、街全体がジャズ一色になること、知り合いが出演者として参加している「受け手」と「創り手」の「近さ」に高槻ジャズストリートの魅力を感じている点である。加えて、高槻ジャズストリートが、（ジャズにもともと興味があるかは確認していないが）ジャズを日常生活で聴取する「身につく」機会になりうるということである。

では、地域住民以外の「受け手」にとって高槻ジャズストリートの魅力とはいかなる点か。

今回で2回目の参加ですが、なにより無料というのが魅力ですね。自由なスタイルでジャズを楽しめますし。他のジャズのイベントにも参加したことはありますが、有料で敷居が高いというか（中略）（高槻ジャズストリートは）参加しているみんなが自由な雰囲気を楽しんでいる感じがして普段の生活への刺激になりますね。なによりの魅力はジャズの演奏が身近に感じることです。名前を聞いたことがある（著名な）出演者と同じ場で高校生のグループが出演していたりしていて、おもしろいですね。自由な雰囲気で演奏者も観客も参加しているのでかしこまったものがないんです。(137)

「受け手」（インフォーマント27）は、西宮市在住（高槻市中心部まで約30ｋｍ）であり、電車を乗り継いでの参加である。その「受け手」が1回限りに終わることなく再度参加している動機を聞き取った。「受け手」の聞き取りから示されたのは、「日常生活への刺激」と「近さ」である。高槻ジャズストリートは「受け手」にとって、その場での経験が日常への刺激になっている。「受け手」にとっての「日常生活への刺激」は、無料でどの会場へも自由に出入りでき、アーティストの選択肢が豊富な点であり、自ら選んで参加する主体性という自由が「受け手」（観客）にとっての「日常生活への刺激」である。つまり高槻ジャズストリートでの「日常生活への刺激」が「気づき」という「自己認識の発展」であり、「身につく」経験となる（Rawls 1999=2010）。

また地域住民ではない「受け手」にとっての「近さ」は、日常生活の場でジャズの演奏が行われている「近さ」であると同時に、プロとアマチュアのミュージシャンが混在して一つのライブ・エンタテインメントが創り上げられている「近さ」である。「受け手」への聞き取りで共通している「近さ」は、ライブ・エンタテインメントに協賛する企業も同様であり、１９９８年以来地域に根ざした企業からの協賛が主であることが聞き取りから示された[138]。

④当事者（広告主）による語りからの考察

イベント運営費に関する収支は毎年イベント会場で配布されるパンフレットに明記されている。２０１８年度収入に関しては、Ｔシャツなどグッズ売上１７００万円、広告協賛費が１４００万円、募金が１８０万円、飲食の売上４４０万円に加えて、助成金として高槻市から２００万円、大阪府芸術文化振興補助金として１００万円得ている。

高槻ジャズストリートにおける参加者はオーディエンス（観客）・演奏希望者ともに無料である。イベントの運営費用に関しては、以下の発言からもできるだけ直接収入に頼るという仕組み形成を意図している。

Tシャツを売ったり、公園で焼きそば売ったり、ビール売ったりして全部イベントの用にしているわけです。スポンサー頼りではなく、自分たちでということで。スポンサーに頼ると（協賛がなくなると）出来なくなる可能性もあるわけですから[139]。

しかしながら「運営できるかどうかは毎年厳しいんですけど」[140]との主催者への聞き取り内容から、高槻ジャズストリートの運営は、直接収入だけでは持続的なイベントを開催することが容易ではないことが窺える。つまり、イベントを三者間市場と捉えるならば、参加者が無料である以上広告主に運営費用を頼ることは合理的と言えよう。では、地域住民主体の主催者にとって広告主とはいかなるものか。

以前近所のディーラーが本体に協賛の話をあげてくれて、本体（メーカー）のかたと会うことになったんですよ。イベントへの協賛にのっていただいたまではよかったんですが、条件として、会場すべてに車を展示し、イベントに会社名を入れてほしいという点があがったんですよ。（中略）イベント費用がその会社の協賛ですべて賄えるわけですから、そりゃ喉から手がでるほどほしかったですわ。でも毎年協力してくれているボランティアの方々へ説明できないし、みんなで楽しもうという感覚ではなくなってしまうので最終的にはお断りしたんです[141]。

あらかじめ、広告協賛費を見込むことができれば高槻ジャズストリートは、安定的に開催することができうるが、広告主のイベント運営における要求が主催者のイベント理念と不協和音を生じさせてしまった[142]。その結果、主催者は、イベント運営の安定よりもイベント理念を優先させた。

広告主はイベントに協賛する意図を持っている[143]。しかし、広告主の要求が、イベントの思いを崩してしまう懸念が、（協賛金は必要だが）受け入れることができない事態を招いた。インフォーマント（地域住民である主催者）には「受け手」とイベントでの経験を共有したいという明確なイベント理念があり、そのイベント理念を成し遂げるために、あえて安易なかたちでの広告協賛を受け入れないのである。

高槻ジャズストリートにおいて、Tシャツなどグッズの売上に次いで企業協賛は大きな収入である[144]。しかしながら、地域住民である主催者からの聞き取りでも明らかなように、イベントの運営に支障をきたすような企業からの協賛を受け入れない。広告主によるコミュニケーション形態に関しては、各会場で企業名（あるいは商品名）の露出やパンフレットへの広告掲載、商品展示、商品販売が行われている。

そのなかで、企業協賛という形態で第2回から参加しているビールメーカーA社と2012年から参加している関西全域をカバーするラジオ局B社のイベントへの関わり方はイベントにおける広告コミュニケーションのありかたを検討するうえで注目に値する。A社B社ともに広告コミュニケーション展開としては、（A社ステージ、B社ステージという）会場に社名をつけ、その会場内でのブース展開とパンフレットへの広告掲載である。

A社のメリットとしては、社名ならびにビールの知名度向上とともに、全イベント会場でビール販売ならびに近隣店舗でのビール販売によって販売売上が期待できる。ではA社と主催者とは、イベントにおいていかなる関係性を生成しているのだろうか。

A社は日本市場において後発組であり、取扱い販売店を増やしていくことに苦戦していた。暇をしていた営業マンがふらっとうちの店に入ってきて話をしていくうちに参加してくれることになって。第2回からいままでずっと参加してもらっています。城北商店街を担当する営業は歴代出世しているみたいで縁起もいいみたいです。もちろん僕たちも参加してくれているので飲食の仲間内には（商品名を）広めていきますしね[145]。

とあるように、日本においてビール市場の後発ブランドであるA社が取扱い販売店を開拓する課題に直面した時期と高槻ジャズストリートを始める時期が重なったことが契機となった。そして主催者インフォーマントからの聞き取りで示されているように、主催者と広告主の関係性の強度があるので、A社が地域に根付いていることが窺える。もちろん「ある日本を代表する音楽フェスは（協賛）金額が折り合わず撤退」[146]とあるように条件面で合意しなければ企業協賛は成立しない。企業として、投資価値を判断するポイントはどこにあるのか。

高槻ジャズストリートは売上に応じて協賛金額が確定することになっていまして。日本の夏フェスの草分け的な音楽イベントも同様です。うちのコンセプトを理解してくれていまして、イベントのビールにはなくてはならない存在って言っていただいています。うちとしましても企業姿勢として、音楽、スポーツなど日常生活において楽しいことに親和性を持とうとしていますから[147]。

とあるように、高槻ジャズストリートのイベント理念とA社の企業姿勢が合致し、条件面でも合意することによりA社が企業協賛社として参加することになった。

企業がイベント協賛する際、イベント後の効果に留意することは、企業による持続的なイベント協賛を考えるうえで非常に重要な点である。なぜならば広告コミュニケーションをおこなおうとする企業にとって、イベント協賛がいったい何の効果があるのか見えづらいならば、景気後退などさまざまな事情に左右されて持続的にイベントへの協賛がなされないからである(148)。

イベントへの参加を通じて、高槻や茨木の店でも取扱いが増えていったようです。イベントだけではなく、その後の売上にもつながっているようで(149)。

この発言からは、ビールメーカーの後発として市場のシェア拡大という課題に対して、A社は高槻ジャズストリートに協賛することにより解決の足がかりをつかんだことがわかる。加えてスポンサーフィットという観点からも、A社が音楽イベントに協賛することは意義があることが窺える。地域住民である主催者と関係を築くことにより、A社にとって高槻ジャズストリートへの協賛は一過性のものではなく、企業経営という観点から意義ある機会であることが示されているである。

B社がイベントに協賛するメリットとしては、イベント会場で音楽に興味のある生活者に社名を周知させることができ企業の知名度向上に寄与しうることが想定される。

一方B社が関わることによる主催者のメリットは、放送を通じて認知度があがるという点でイベントにとっては意義がある。そして、「B社が加わってから参加者の質が格段によくなったことが目に見えてわかる」(150)とあるように、音楽に普段から聴くことに慣れた生活者が参加することによりイベントの各会場の雰囲気に変化をもたらしたことが示されている。加えて、高槻ジャズストリートがマスメディアを介して生活者に伝わることにより、リスナーがイベントの参加者となってTシャツなどを購入する確率が高くなる。Tシャツなどの直接販売が収入の主となっているのでイベントを成立させるうえで有効な手段と言えよう。

しかしながら地域住民の主催者ならびにB社への聞き取りを通じて、そのような単純な構図でないことが示された。B社は、ラジオ局所属DJがボランティアとして高槻ジャズストリートの会場の司会をしていたことを契機として、2012年度から協賛するようになった。B社インフォーマントに聞き取りしたところ、ラジオ局として、「やりたい人がやりたいようにやっているイベントであり、参加しているオーディエンスも出演している人も自由にふるまっている」(151)ので「イベントの雰囲気を邪魔しない」(152)という姿勢で関わっている。

確かにイベントの質という面では、手作り感満載で決して凝ったものではない。しかし、作り手(主催者)とオーディエンスの何かおもしろいパワーを感じることができて、そのことを（事前に）告知して、実際足を運んでくれたリスナーからの感想を読むと事実として伝わっていて。（中略）それが関わって価値があったなと思っています(153)。

Ｂ社の協賛する意義としては、Ｂ社がイベントに関わることにより、事前告知の情報やＣＭを聴いた生活者がイベントに受け手として参加し、そこでの経験をもとに、そのラジオ局のリスナーとして定着するという循環がおこっているのである。

一方ラジオ局と組むことによって、主催者はイベントへの取り組み方にいかに変化したか。つまりイベントを生業とする広告主がかかわることにより主催者の運営における負担は軽減されるのではないだろうか。

イベントの姿勢などは全く変わっていません。ただ、勝手にイベントの内容などを告知してくれて、多くのひとに伝わるのでそれは有難いですね。（中略）それとこっちは素人なわけで、やはりプロの方からのアドバイスで気づかされるところはありますね。ただ考え方は一切かえるつもりはないですけど(154)。

（地域住民である）主催者にとって、Ｂ社の参加はイベントを運営するうえで意義があることが聞き取りから示された。その一方で（地域住民である）主催者にとって、運営において財政上スムーズにおこなわれることは重要でなく、あくまでイベントへの思いの共有が協賛企業に求めることなのである。イベントを邪魔しないという配慮のもと最大限効果をあげる手法を模索している。

そして「参加してみてジャズが好きになり家でも聞くようになりました、というリスナーからのコメントは結構あります。そんなコメントを聞くと協賛した甲斐がありました」(155)との広告主インフォーマントからの聞き取りからは、イベントに協賛することでリスナーである生活者が情報に触れ、実際受け手としてイベントに参加することで、ジャズという文化を体験する契機となる実感が示されたのである。

⑤小括

高槻ジャズストリートでは、「地縁のある／ない受け手」で「楽しさ」の共通点と違いが示された。共通しているのは、「地縁のある／ない受け手」ともにライブ・エンタテインメントに「近さ」を感じていて、参加した経験が「身につく」機会になっているという点である。違いとしては、「地縁のある」受け手は、次年度以降「創り手」となって街を盛り上げていこうとする「思い」が日常に戻ってからも持続しうる。加えて「創り手」に変容しない地域住民である「受け手」にとっても身近な生活者が出演者などの「創り手」としてかかわっていることに「近さ」を感じているのである。他方「地縁のない受け手」への聞き取りにより、ライブ・エンタテインメントにおける主体性という「自由」への「気づき」が、「自己認識の発展」を伴う「身につく」という「意味のある経験」になりうることが示された。

一方「創り手」(主催者) にとって、高槻ジャズストリートは、ジャズを通じて街を活性化させたい「思い」を参加する生活者と連帯する「連帯意識」が「楽しさ (enjoyment)」になりうる。ライブ・エンタテインメントの場における「連帯意識」の形成が「楽しさ (enjoyment)」となり、非日常空間におけるその場限りの経験では終わらない (Dayan& Katz 1992=1996)。と同時に、「創り手」への聞き取りによりライブ・エンタテインメントを運営する上で、収入の面から企業協賛の重要さは感じているものの、「楽しさ (enjoyment)」を阻害される要素となるならば、企業からの協賛を受け入れる気はないという点が示された。

その課題に対して、高槻ジャズストリートにおける「受け手」は、「創り手」から提供された場でエンタテインメントを受動的に享受する機会だけに留まらない。「受け手」からイベント理念に共感し、主催者に役割をかえ、共感したイベント理念を実感する。また、地域住民である主催者には明確な思いがある。したがって、地域住民である主催者と広告主で不協和音を生じる可能性がある場合、広告主からの協賛を受け入れない、という姿勢を徹底させている。そのために運営上財政的に苦労したとしても、地元の活性化という思いが達成されれば運営に携わる主催者にとってはイベントとして成功なのである。

では、広告主はイベントを支援するのではなく、いかにイベントにかかわりうるか。広告主がイベントに参加するおもな目的は、イベントに参加することにより企業の価値をあげるためである。換言すれば、参加するメリットが不透明な状態であるならば、企業としてイベントに参加する諾否は、景気の状況に左右されうる。事例でとりあげた高槻ジャズストリートのビールメーカーA社とラジオ局B社は、高槻ジャズストリートの思い（地域活性化）と企業の思い（メリット）を合致させることができるので、円滑に継続的な関係を持続できうる。当事者として企業のメリットをイベント主催者の理念に結び付けるという視点が地域活性化イベントには必要なのである

三．演劇からライブ・エンタテインメントを考える。

演劇は、2019年版『レジャー白書』によれば、生活者が2018年実績で年間960万人が参加している主要なライブ・エンタテインメントである。『2019ライブ・エンタテインメント白書』によれば、入場料に限っても市場規模で年間514億円（2018年実績）であり、文化産業という観点からも日本において主要なライブ・エンタテインメン

トとなっている。

さまざまな視点からすでに研究がおこなわれている。たとえば、歴史的な文脈で捉えるならば、パフォーマンス研究者の高橋雄一郎は、アメリカ合衆国において、ブロードウェイに対するオルタナティブな表現手段として1960年から1970年代にかけて新たな演劇の動きがおこったことを指摘している（高橋 2011）。日本の演劇でも同様に、既存への反発が新しい領域を生み出してきた。歌舞伎に反発して新派が生まれ、歌舞伎・新派に反発して新劇が生まれ、新劇に反発して小劇場ブームが生まれた。こうした歴史的な経緯のため、日本では一口に演劇と言っても、古典から商業演劇、新劇、小劇場、舞踏、教育活動としておこなわれている高校演劇など、さまざまなジャンルが併存しており、それぞれに固定したオーディエンス（観客）層が存在している。

社会学者佐藤郁哉は、演劇を、歌舞伎・能・狂言・文楽などを伝統演劇、新劇・商業演劇・小劇場演劇を現代演劇に分類し、現代演劇が産業として社会で成り立つ要因を検討している（佐藤 1999）。佐藤によれば、演劇を支援する社会制度は日本において脆弱である。なぜならば演劇を支える社会システムが確立する前にラジオやテレビといったマスメディアが生活者に身近なものになったので、文化として演劇が社会に定着しきれなかったのである。マスメディアに生活者（消費者）の注目が集まれば集まるほど、生活者とコミュニケーションをとろうとする企業は資金をマスメディアに投入する。演劇まで資金がまわってこないので、結果的に演劇が発展せず生活者が身近に参加できないものになってしまった。

本節では、佐藤の演劇を経済的・社会制度の関係から捉えた文脈に従って、現代演劇と商業化の関係に焦点をあてる。なかでも本節が着目するのは、商業演劇における「受け手」と「創り手」の関係である(156)。現代演劇の事例を選定するにあたり、関西の小劇場から全国区となり、ビジネスという観点からも成功した劇団☆新感線とヨーロッパ企画を事例対象とする。これら２劇団は、もともと小劇場で演劇を発信したが、ショウビジネスとして成長するにつれ、規模の大きな劇場で演劇を発信できるまでになった。これら２劇団を事例にとりあげることにより、演劇の商業化という観点から「受け手」（観客）の参加形態を検証する(157)。

また２劇団の事例研究とともに、関西において、舞台芸術のひとつとして、現代演劇の敷居をより低くし、「受け手」にとって気軽に観に行くことができるという点で貢献した扇町ミュージアムスクエアにも言及する。関西の小劇場の文化を育てた一要素である扇町ミュージアムスクエアを補論として付すことで、演劇をめぐる「受け手」と「創り手」の関係についてより広く、深く考察を加えていきたい。

（1） 劇団☆新感線『蛮幽鬼』

①劇団☆新感線とは[158]

１９８０年11月大阪芸術大学舞台芸術学科の四回生を中心にしたメンバーにより、つかこうへい作品『熱海殺人事件』を演じたのが劇団☆新感線による最初の公演である。劇団名は、当時のメンバーが実家に帰省する際、新幹線を使っていたというだけの理由からである。つかこうへい作品を次々に上演し、つかこうへいコピー劇団として人気を博し、関西学生演劇ブームの中心的存在となった。近年は、プロデュース公演として劇団所属以外の、テレビや映画で活躍している役者のキャスティングによる公演も盛んである。

②当事者による語り

『蛮幽鬼』[159]が公演された梅田芸術劇場は、メインホール（１９０５席）とシアタードラマシティ（８９８席）という2ホールで構成されていて、『蛮幽鬼』はメインホールで公演された。聞き取りのポイントとしては、リピーター（2回以上演劇に参加している「受け手」）に対して、①演劇の魅力について、②なぜ何度も劇場に足を運ぶのか、という2点は事前に想定した質問であるが、それ以外は聞き手と語り手の相互行為の中で聞き取っていくという、半構造化にもとづく聞き取り調査である。

最近、劇団☆新感線の芝居って何よりもエンタテインメントやなって思うようになりました。昔は好きじゃなかったんですよ。(中略) すんごいおもしろい。映画って芝居より作りこむことは出来ても、非現実的やったらしらけてしまうんですよ。ところが芝居はリアリティが無ければ無いほどリアリティさがあるところかな。あと作者の言いたいことが上手く解ると楽しいねん。こんなこといいたいのか、とか。でも、とにかく見てかっこいいとか、泣けたとか、というのが大きいんかな。(160)

「受け手」(インフォーマント31)の言う「リアリティ」からは非日常空間こそが演劇の場であり、演劇の魅力となっていることが語られている。加えて、非現実的な表現をいかに「創り手」の伝えたいことに結びつけることができうるか。インフォーマントの演劇への参加態度は、演劇における「楽しさ」の形成を検討するうえで注目に値しよう。インフォーマントにとっては、非現実な表現が日常生活に整合性をもつことが「リアリティ」なのであり、演劇における「リアリティ」を解釈できうるかどうかが、インフォーマントの演劇に対する評価基準になっているのである (Turner 1977=1989)。

では、演劇における「リアリティ」は、「受け手」にとって共通する魅力になりうるのだろうか。

2、3ヶ月に1回ぐらいは芝居に行きますね。劇団☆新感線に限らず、好きな演者がいたらそこに行きます。芝居に求めるのは異空間な感じとそれに集中させてくれる演者の一生懸命さというか、一緒に物語に入っていけることです。終わったあと、もうちょっと見たいなって思った時はいい芝居にあたったなと感じますね。(161)

この「受け手」(インフォーマント32)も先の「受け手」(インフォーマント31)同様に演劇の異空間という非日常性に魅力を感じていることが示されている。と同時に、この「受け手」にとっては、その非日常性に入り込み、「創り手」(演者)と「連帯意識」を形成することが「余韻」となり、何度でも演劇の場に足を運ぶのである。

最低年4回か5回ぐらいは芝居見にきます。主に劇団☆新感線ですけど。やっぱりね。わくわく感がすごくある。映画とはまた違う。映画は決まりきっていて、アドリブってのが作ったときにすでに出来てて。それはもう、流したら全部一緒なものが流れるけど、芝居は日によって違うし、大阪と東京でやるのとではまた違ってくるし。その場その場で違うのが楽しい。それと映画と違ってお客さんとのやりとりっていうのがすごくあるし一体感は感じますね。テレビに出演されている方でも芝居だと全然違ってたりしますし、意外感とわくわく感が凄く楽しい。（中略）充実感は又来たいと思ったときですね。(162)

この「受け手」（インフォーマント33）への聞き取りで興味深いのは、東京と大阪という地域性における内容の差異に言及している点である。すなわち、劇場における「創り手」（演者）と「受け手」の「連帯意識」という観点から捉えると、「受け手」の反応が変われば「創り手」の反応が変わり、演劇の内容が変容する。そして、「受け手」は、演劇そのものがその時の「受け手」の反応によって変容する同時性に魅力を見出しているのである。パッケージ化された内容で満足するのであれば、ＤＶＤで演劇を鑑賞しても「受け手」にとって支障はない。しかし、その場その瞬間で変容する点に演劇の魅力を見出した「受け手」にとっては、（演劇がおこなわれている場で）演劇の出演者である「創り手」と同期するライブ・エンタテインメントに参加することを求めているのである。

また、劇団☆新感線の公演は必ず見に来るという熱心な「受け手」（インフォーマント34）がいる。では劇団☆新感線の魅力とは何か。商業化された演劇の魅力と共通する要素が以下のように示された。

なによりキャストの豪華ですね。あれだけのキャストの演技を見ることができるなら1万円出費しても惜しくないですよ。（中略）内容もおもしろいし、舞台のセットも迫力ありますし、凝ったつくりで明らかに金かかってんなーて思いますもん。（中略）初日と最終日はできるだけ毎回行くようにはしています。最初と最後で内容がどう変わるのか楽しみで。(163)

演劇の初日と最終日の内容を対比することに魅力を見出していることが示されているように、このインフォーマントにとっての演劇の魅力は同時性である。それに加えて、この「受け手」は出演者の豪華さや舞台セットなどに着目している。この点は特に資金がないと「創り手」が対応するのに困難を伴う部分であり、劇団☆新感線がビジネスとしても成功している証左でもあろう。

③小括

扇町ミュージアムスクエアの稽古場や楽屋を使いながら成長した劇団☆新感線は、映画やテレビなどのマスメディアで活躍している役者をゲストとして迎え、舞台セットの豪華さなどとあわせ内容の充実を図っている。一方聞き取り調査の対象とした「受け手」（インフォーマント34）からは、それら商業化によって達成された商業化された要素を享受している「受け手」が、いかに「意味のある経験」を獲得しているか、が示された。

「受け手」は、「創り手」から一方的に演劇を享受するのではなく、おのおの解釈を加えている。「受け手」への聞き取りにおいて、出演者や舞台セットの豪華さという表層的な側面に着目しつつ、その時々によって「創り手」と「受け手」との連帯のありかたに違いがあることに演劇の魅力を感じている点、演劇の非日常性と共振し、演劇の場を離れても余韻を感じている点、演劇の非日常性という「リアリティ」を自ら解釈している点、などが示された。

本事例から導かれるのは、「受け手」が演劇の非日常性を単に「創り手」から享受するのではなく、「創り手」と協働し、自ら解釈しうるという「受け手」の可能性である。さらに、「受け手」は、日常生活から離脱することで演劇という非日常の場で日常生活の発散、あるいは、日常生活への充電という「快楽（pleasure）」に依拠した経験であっても、その経験が日常生活とつながっている時点で、「受け手」にとっては「意味のある経験」をしていると言えよう。

(2) ヨーロッパ企画『ロベルトの操縦』

①ヨーロッパ企画とは (164)

ヨーロッパ企画は1998年同志社小劇場からスタートする。2000年にヨーロッパ企画として独立。特徴としては、劇団運営側が役者に本業の演劇だけではなく、副収入としてその他マスメディアで活躍の場を積極的に見出そうとしているところである[165]。またDVDなど演劇の2次利用も盛んでWEB上で専門サイトを運営している[166]。

②当事者による語り

912名を収容できるサンケイホールブリーゼにて、『ロベルトの操縦』[167]の公演があり、18名の「受け手」に聞き取り調査を実施した[168]。芝居が上演される前後という時間的制約の都合上、あらかじめ質問紙を用意し、それに沿って聞き取りをおこなっていく形態をとった。

休日は普段定期的にとれていて、週に2日は確実にあります。休日はのんびり過ごすのではなく、趣味などしてできるだけ余暇を楽しむようには意識しています。（中略）休日の過ごし方ではやはり今後のための充電という意識が強いかな。比較的休みが安定しているので、趣味などについて考える時間はありますね。（中略）演劇の魅力ですか？やはりテレビにはない迫力ですね。[169]

この「受け手」（インフォーマント35）への聞き取りの中で、「受け手」は、積極的に余暇・自由時間を過ごそうとする意志を示している。なぜならば、余暇・自由時間は、「受け手」にとって日常生活に戻るための充電の機会であり、「受け手」（インフォーマント35）にとっての充電とは、演劇の場における迫力の享受なのである。この「受け手」（インフォーマント35）は聞き取りからも示されているように、積極的に「快楽（pleasure）」に依拠した「意味のある経験」を求めていると言えよう。

参加する演劇を選ぶ基準は（演劇の）内容ですね。なんと言っても人を笑顔にさせるところが演劇の魅力です。(170)

この「受け手」（インフォーマント36）は、出演者や設備の豪華さといった表層的な要素ではなく、演劇の内容を重視している。加えて先の「受け手」（インフォーマント35）同様、「受け手」（インフォーマント36）は、演劇の観衆を笑顔にさせる魅力を享受しているのである。

好きな劇団を選んで参加しますね。私見方が変わってましてね。演者さんを支えるスタッフに目がいくんですよ。スタッフのほうが輝いていたりしますからね。(171)

一方別の「受け手」（インフォーマント37）の発言からは、裏方の「創り手」の動きと演劇の内容の調和度合で劇団を評価している様子が窺える。つまり、「受け手」（インフォーマント37）は、演劇の内容と演者以外の「創り手」による共振に着目し、「楽しさ（enjoyment）」を経験しているのである。

また、他の「受け手」との連帯に魅力を感じている「受け手」（インフォーマント38）の意識が聞き取りから浮上した。

やはり一体感ですね。自分が観てリアクションしたのと同時に他のひともリアクションしたらなんか安心感みたいなものがあって、それがホールのなかで一体感がでる感じがいいんですよね。(172)

「受け手」（インフォーマント38）の聞き取りから示されたのは、他の「受け手」と演劇内容に同じ感性で理解できているということにより、自己認識が承認されていることに安堵しているという点である（Rawls 1999=2010）。つまり、演劇に参加する機会が「受け手」の自己認識を確認する場になっているのである。

先の劇団☆新感線の事例でもライブに魅力を見出していた「受け手」がいたが、聞き取り調査中、ライブに演劇の魅力としてライブに触れていない「受け手」がほとんどであった。

その中でも、ライブに魅力を見出している「受け手」は一定数いた。

今日の公演のことは普段生活してて何回も思いました。早く行きたくてうずうずしていました。（中略）やはり好きな劇団とか選んで参加しますね。生に勝るものはないと最近思うようになりましたが、劇団のパフォーマンスによりますからね。(173)

「ライブ」は生だからすべてがいいわけではなく、内容によりライブを感じることが「受け手」（インフォーマント39）から示されている。では、演劇におけるライブとは何か。別の「受け手」（インフォーマント40）による

演劇の魅力ですか？一言でいえばライブで創造力を開放してくれるところですね。今日のことは日常でも2回は思いましたね。(174)

との発言が、演劇におけるライブを表わしているのではないか。つまり、日常生活で当日の演劇内容を想像し、実際劇場に参加してライブを実感しているのである。

実地での聞き取り調査において、「受け手」は自由におのおのの創造力で演劇に参加して

解釈している。聞き取り調査において演劇の魅力としてライブに言及していない「受け手」がほとんどであったが、演劇においてライブは前提条件であるからとも言えよう。「受け手」にとって「ライブ」は演劇そのものを観る側面に加えて、「受け手」と「創り手」による場の共有という側面が演劇における「ライブ」であることが「受け手」（インフォーマント37）の発言から導かれる。

一方で、ヨーロッパ企画は積極的にDVDの販売をおこなっている。「ライブ」で観る演劇と映像で観る演劇の差異を以下のような聞き取りから導きだせる。

DVDは生で観たあとの確認だよ。基本芝居は生で観るもん。芝居は生き物。芝居ってさ舞台から舞台のまわりとかとにかく全体のなかから自分の気になるところを見つけるのが楽しいねん。でも映像だとアングルも決められてて、自分の意思で観ることできへんからね。[175]

「受け手」（インフォーマント41）にとって演劇を画面で観るという行為は、カメラを通してポイントが決まっていて、自分の意思で観ることができない不自由さゆえに納得できないのである。すなわち、演劇の内容だけではなく、その場の雰囲気やセリフを発していない役者のパフォーマンスの動きなどを観て解釈することも「ライブ」で観る演劇の魅力となるのである。インフォーマントにより示された演劇における「ライブ」と映像の鑑賞の差異は、「受け手」のライブ・エンタテインメントにおける能動性という点から看過できない（Rawls 1999=2010）。

いかに「ライブ」で観る能力を身に付けうるか。その契機として、ＤＶＤやＴＶ放映といった映像装置は機能しうるのではないか。つまり、劇場に足を運んだことがない生活者が映像に触れることができるので、映像装置は演劇の社会的認知を高める役割を果たしているのである（佐藤 １９９９）。

では、他の演劇とは違うヨーロッパ企画の魅力とはどこにあるのか「受け手」への以下のような聞き取りからヨーロッパ企画の独自性が示されている。

日常生活のリアル感があるというか。喫茶店でお茶しながら友達とどうでもいい話している姿そのものを芝居でやっているところですかね。この芝居はどういう意図で創られているのか、なんて考える必要がないところが逆に引付けられるものがあります。(176)

芝居を観終わったあと、なんだったんだろうって感じるんだよね。それが妙なすっき

り感があって。（中略）終始ばかばかしいところかな。変に泣かせようとかそんな感じがないしね。(177)

「受け手」（インフォーマント40ならびに41）にとってヨーロッパ企画の魅力として共通しているのは、芝居の中味を一つの視点から考えさせない、すなわち、「受け手」がそれぞれの視点で演劇を解釈できるところなのである。その解釈の多様性は、「受け手」の演劇に対する参加のあり方として注目に値するものである。そうした多様な解釈のありようを「創り手」は意識的に構成していることが、以下の聞き取りから察することができる。

芝居を創るにあたって、日常の延長線ということを意識しています。（中略）ざっくりした設定としては、非日常な場で、登場人物がなにげない日常会話をして展開していく感じです。そのなかで、日常の中にある違和感をオーディエンスに感じ取っていただければいいかなと。それをコメディというかたちで伝えようとしています。（中略）とにかく劇場に足を運んでほしいですね。なのでうちは、間口をひろく奥行をひろくという意識をもっています。(178)

「創り手」としては、日常にある価値観や常識といったものを再考することに留意しつつ劇を構成している。そして、コメディという手法を用いることにより、「受け手」は画一的な解釈に陥ることなく、それぞれの感性で解釈しているのである。すなわち、「受け手」は「創り手」に導かれつつ、「楽しさ（enjoyment）」を体験し、「内発的報酬」を獲得しうるのである（Turner 1974=1981）。

③小括

聞き取り調査により、演劇というライブ・エンタテインメントは、おのおのの鑑賞スタイルのもと解釈も自由にでき、批判的に参加しうる場であることが示された。すなわち、「受け手」は能動的に演劇に参加し、それぞれの「受け手」が独自に解釈することにより「楽しさ」を経験する契機を得ている。換言すれば、演劇の場が「受け手」にとって「楽しさ（enjoyment）」を経験しうる機会になるためには、演劇を「ライブ」で観る能力を身に付ける必要が生じるのである。

DVDやTVと言った映像装置では獲得できない「ライブ」ならではの感覚をいかにライブ・エンタテインメントの場で獲得しうるか。ヨーロッパ企画の演劇に集う「受け手」への聞き取りを通じて示されたことは、「受け手」の演劇を解釈する能力である。そして「創り手」がいかに「受け手」の能力を引き出しうるかも問われている。ヨーロッパ企画の「創り手」（インフォーマント42）は、日常生活における常識をコメディという手法で「受け手」に問い直すことを促そうと意図している。演劇において、「創り手」の意図（理念）に「受け手」が共振するならば、演劇は「身につく」機会になりうるのである。

補論：扇町ミュージアムスクエア

扇町ミュージアムスクエア(179)は、1985年にオープンした。演劇公演やイベント、ライブに活用できる多目的スペースや映画館、カフェそして稽古場(180)などの複合施設であった。もとは、大阪ガスの旧北支社ビルであった建物を、新分野開発部遊休プロジェクトの名のもと、土地を有効活用する目的で改装され、オープンした。大阪ガスの関係会社であるアーバネックスが経営をおこない、運営をプラネットワークが担った。劇団の稽古場として使用していた内藤裕敬(181)といのうえひでのり(182)の以下の発言が扇町ミュージアムスクエアと「創り手」の関係性を端的に表現している。

そう、拠点があったから。赤字作っても、帰ってくるところはあるからさ。続けることは出来るっていう。まあ、ミュージアムがなかったら、色んなこと出来なかったね、うん。（中略）あそこに行きゃ、みんなに会えるしね。(183)

あそこに入ってから、そんなに辛い思いはしてないですね。基本的に楽しい、学園祭がずーっと続いていた感じはありましたけどね。(184)

つまり、2人に共通するのは、「創り手」を育てる場として扇町スクエアは存在していたという点である。一つの場に劇団ならびに劇団の稽古場、劇場、雑誌社が揃い、「受け手」への発信という面で、扇町ミュージアムスクエアは、「創り手」にとって貴重な存在であった(185)。当時扇町ミュージアムスクエアと関わりを持っていたインフォーマント（インフォーマント43）に聞き取りを行った。

最初にやらしてもらったのは、小劇場の動きが盛んな90年代なんですけども、すごくやろうとしている人たちがいっぱい居てはる時代だったんで。ミュージアムスクエアは、劇場もありますし、劇団も入ってたんで、演劇とはつながりが強くって。まわりの劇場さんもね、もともとミュージアムスクエアの立ち上げに関わった人たちが多かったんで。今はもうミュージアムスクエアも近鉄劇場も無くなったし、例えば近鉄劇場をやられた松原さんとかプロデューサーは、ミュージアムスクエアにも関わってたし。そういうと

ころ情報発信のひとつの基地になっていた感じだったんで。(186)

ここで示しているのは、扇町ミュージアムスクエアが、演劇情報の交流という面で、恵まれた環境を創ったという点である。と同時に、九鬼葉子が、「劇場に信用があり、ファンがついた。ここで上演されれば、まだ無名の若い劇団でもお客さんが足を運び、劇団の飛躍につながった」（九鬼 2016：40）と記述しているように、「受け手」っても扇町ミュージアムスクエアは、さまざまな演劇を受容する機会となった。

「創り手」（インフォーマント43）や九鬼により、生活者が演劇に参加する機会ができるように、演劇の魅力を伝える役目が扇町ミュージアムスクエアにあることが示された。では、生活者にとって演劇の魅力とは何だろうか。

やっぱり生身で見れるっていうところと、作られる人たちと、お客さんもいてて皆が近い。一体感みたいなものもありますし。それとむちゃくちゃ日常生活にひきずられますね。引きずられる芝居って、後で考えてもいい芝居だと思いますね。総合芸術だし音楽もあれば、役者が生身で動くっていうのもあるし、言葉もね。お芝居って昔の外国の翻訳の言葉って難しかったりするじゃないですか？それが小劇場って言うのは、自分らの同世代の言葉で伝えてくれたりするのが強みですし。（中略）あとこれ小劇場に限ったことかもしれないですけれども、動くお金って今は凄く大きくなってたりしますけど、昔はそんな大きなお金は動かないんです、皆好きなことをやろうという自由な雰囲気があって、そういうところがシステムになってなかったんで。それが凄く楽しかったし、面白かった。今はね、それがシステム化されて小劇場の世界がシステマチックになってる。(187)

この「創り手」（インフォーマント43）の指摘は、演劇の場がさまざまな要素に一度に触れることができる役割を果たしていて、その内容がよければ日常につながりうることを示している。と同時に、小演劇の「創り手」としての理想と、理想だけでは仕事として成り立たない現実という両面があることが窺えるのである。

広告会社に勤務しながら小演劇の役者として経験のある高野昇は、小演劇が仕事として成り立ちにくい状況を指摘している。高野は、芸を見せて金をとるという行為と金を儲ける行為の差異の観点から、小演劇が金を儲けることが難しい状況を指摘している（高野 2005）。その理由として、経験から金を儲ける仕組みになっていない小演劇を「劇団の呪縛から逃れられない」（高野 2005：116）とし、「受け手」にいかに演技を見せるというよりも劇団のことを優先してしまう思考に陥ってしまう点をあげている。すなわち、役者の劇団への愛着により劇団に向けて演劇をする行為が「受け手」の満足よりも優先されてしまい、劇団員同士が理解しあえれば充足する自己満足的な表現になってしまうのである。そして高野は、「創り手」の視点から小演劇がビジネスとして成り立ちにくい状況を指摘する。

体裁は客から「芸を見せて金を取」って「金を儲ける」興業だけれども、それで儲けなくてもかまわない。劇団員が「食えなく」てもかまわない。彼らはそれぞれに、自分なりの喜びを感じることができているのだから。（高野 2005：117）

と同時に、「創り手」として役者が「受け手」の満足に注意を払わないことを問題視している。商業という観点にたてば、「受け手」の満足という側面は注意を払うべき点である。しかし、「創り手」（インフォーマント43）が小演劇の「創り手」に感じた「自由」の一形態が、高野が指摘している「劇団への愛着」であり、「創り手」自身の「楽しさ（enjoyment）」が経験されることが優先であり、一部の「受け手」とのみ「連帯意識」が生成されうるのである。つまり、「創り手」は、「受け手」の立場にたって演劇を演じるのではなく、「創り手」の「楽しさ」が優先であり、それに付随して「受け手」との「連帯意識」が生成されうるのである。

一部の決まった「受け手」を対象とするならば、多くの生活者は「楽しさ」を経験できないことが想定できうる。つまり集客の観点で捉えるならば、小演劇に触れる生活者にとってたとえ試しに参加したとしても、その場で「楽しさ」を形成できないならば参加者の拡大を望めない。では多くの生活者が演劇の「楽しさ」を形成するために「創り手」はいかにかかわりうるのだろうか。

ミュージアムスクエアって言うのは、映画館もあったし芝居小屋もあったし、カフェもあったし、そういう情報発信のとこになってたんで。多くの劇場がそうするような形になれば凄くおもしろいことになるのになぁって思います。（中略）芝居もね、向こう（アメリカ合衆国）はね、シアターとかっていってその周りにパブがいっぱいあったり、ちっちゃい小屋の周りに飲めるところとか食べるとことかいっぱいあったりする。芝居終わったあと、みんなそこで話をするとかね。街とか地域とかっていうところで、何か作ろうとしている感がある。（中略）ほんとはねブラバ(188)の周りってそういうふうにしようとしてたみたいですよ。やっぱり大阪で言えばね道頓堀は道頓堀五座って言われたみたいに松竹座も含めて歌舞伎座とか文楽とかをやってた劇場があって、街が発展する土地だった。そこで大阪の食の文化とかが凄く発達して、劇場があったっていう感じだっ

たんです。(189)

「創り手」（インフォーマント43）への聞き取りでも示されているように、「受け手」にとって演劇というライブ・エンタテインメントはその場で完結するのではなく、劇場を出た後も演劇の余韻を確かめる場が必要なのである(190)。しかし、先の指摘にもあるように、日本では生活者が演劇を身近なものとして受容できうる環境が整っていない。したがって生活者にとって演劇を身近なものする環境がない以上、演劇の場に多くの生活者が触れて「楽しさ」を形成する機会が求められる。そのためには、「創り手」にとっては演劇を生業にできる環境が必要となるが、「創り手」（インフォーマント43）からは、資金の問題が、多くの小劇団にとってはかなり深刻な問題であることが窺える。

採算を取ろうと思えば取れるんですけれど、その分使って面白いもんみせようとする人たちが小劇場の世界にはいるんですよ。そんだけチケットの値段上がってきているんですけれど、その分使って面白い事をしようとする人たちが多いんですよ。そこはもっとヨーロッパのオペラみたいに国が助成するとか、市が助成するとか、府が助成するとか、言うのがあったらいいと思うんですけれど。文化庁は助成しているんですけれど。（中略）文化庁への申請はみんなしているんですけれど、そんなにたいしたお金がおりてこないんで。だからみんなしんどいから、他の仕事したりとか。(191)

高野は、劇団を運営していくのに、資金繰りの困難さを指摘している（高野 2005）。高野によれば、支出において会場の使用料をどれだけ低く設定できるか、と同時に収入においては助成金を獲得できるかが小劇団の収支を大きく左右している。しかも劇団員には、チケットの販売ノルマがあり、劇団員個々にも負担は大きい。一方佐藤が、「観客動員を拡大したとしても、公演収入のみでは公演制作費と事務所維持費にかかる経費を捻出できる程度」（佐藤1999：95）と指摘しているように舞台の報酬以外を求め、多くの劇団員がテレビや映画出演など演劇と直結するものから直接には関係のないものまでさまざまな副業で生計を立てている(192)。

資金を安定させるには、企業や行政などからの協賛は意義がある。協賛という観点で演劇を捉えると、現在の主流である公演ごとの協賛(193)という考え方だけではなく、劇場そのものへ協賛が増加することによって、劇場は使用料を低く設定でき、結果として多くの劇団にとって有益となるのではないか。芸術の社会制度化について、佐藤は次のように指摘している。

芸術創造団体や芸術家の提供するサービスが何らかの意味でその必要性を認められた時には、芸術側の市場動向への「依存」や助成主体である何らかの意味でのパトロン（政府、納税者、企業、市民など）への「依存」は、一方的な依存―被依存の関係ではなく、対等の立場での一種の取引関係ないし契約関係として捉え直すことが出来るようになる。かくして、芸術家は一方的な依存関係の中で失われがちな、表現における自由を取り戻すことができるようになる。（佐藤 1999：405－6）

演劇は、「受け手」と「創り手」の役割が明確に分かれているライブ・エンタテインメントであり、多くの生活者が演劇に参加する機会が増えるためには、「創り手」からの発信がなければ不可能である。現代演劇の発展において扇町ミュージアムスクエアは「受け手」だけに限らず、「創り手」を「育てる」という点でも大きく貢献した。「創り手」として劇場使用料を低く抑えることができ、演劇の情報をひろく生活者にいきわたらせる役割を果たす扇町スクエアの存在がなければ関西を活動拠点とする劇団の活躍は見込めなかった(194)。

商業化という観点から現代演劇を捉えた場合、大規模型劇場で演劇をおこなえる劇団は社会から認知され演劇界の中心的な存在である。しかし、日本で活動している劇団の数からすれば、多くの劇団が小劇場で演劇を行っていて、産業として成立困難（あるいはあえて産業化しない）な多くの劇団にとっては、小劇場は貴重な存在と言えよう。関西では、かつての扇町ミュージアムスクエアや近鉄小劇場のような「創り手」を育てるという視点にたった劇場が少ないのが現状である(195)。その一方、東京ではバブル崩壊後においても、下北沢を中心に育てるという視点にたった劇場が相当数存在している(196)。

演劇が余暇・自由時間において、生活者の「楽しさ（enjoyment）」を形成する機会の選択肢となるためには、「受け手」・「創り手」双方にとって、経済的なメリットを享受できる仕組みを検討することは意義がある。すなわち、「受け手」にとっては廉価な料金で演劇に参加できると同時に「創り手」は資金面で心配せず演劇を創出することができる仕組みの確立こそ演劇が社会システムとして発展するためには不可欠と言えよう。

四．祭りからライブ・エンタテインメントを考える。

『岩波小辞典社会学』によれば祭りとは、神をまつり農村での豊穣祈願や都市での疫病防除を起源とする集団的な祈りと祝いの行事であるが、現代では宗教性や祈願性が薄れ、地域活性化を目的とした集客イベントとして企業の関与も強まってきている。祭りは、地域の伝統行事として、もともとは「構造化された」余暇・自由時間での活動であったが、産業の発達により、余暇・自由時間に産業が介入するようになり、「構造化された」余暇・自由時間の活動に限定するものではなくなったのである（柳田［1969］2013）。さらに、日本古来の祭りは、「創り手」の思想を反映させたイベントとして設計・実現される場にも変容するようなった（鶴見 1988）。鶴見によれば、イベント化された祭りに参加する生活者が部分的に自由に活動できる形態をとらないならば、均質な活動となり、生活者は祭りに受動的に参加してしまう懸念がある。鶴見は祭りとイベントの関係性について、

祭りには習慣の力にまかせるという面が強くあります。イベントというと少しちがって、自分の才覚でつくって引っぱっていく――つまり伝統ではなく設計の面がつよくなっていくわけですね。（中略）そういう投げかけの行為を私たちは集団の場で持っているだけでなく、個人の暮らしの場でも持っている。それが祭りとイベントの「もとかた」なんです。（鶴見 1988：17-8）

鶴見は、祭りにあって商業化されたイベントにはないものとして、生活者の暮らしに寄り添うという点を指摘している。では、祭りに商業的側面が加わり、祭りが生活者の消費活動の一環となったならば、いかに「受け手」は参加できうるか。本節では、祭りをライブ・エ

ンタテインメントの事例にとりあげることによって、ライブ・エンタテインメントに参加する「受け手」の参加形態を「創り手」との関係から検討したい。対象とする祭りは３つある。1つ目はYOSAKOIソーラン祭りである。YOSAKOIソーラン祭りは、大学生が主催者として地域活性化を目的に考案し、地元放送局がかかわることにより商業化されたライブ・エンタテインメントである。２つ目は、企業協賛など地域経済と結びつきのある伝統的な夏祭り天神祭である。３つ目は天神祭とともに大阪三大夏祭りと称されるように、夏祭りの代表格でありながら、全く商業化されていない生國魂祭である。これら３つの祭りをとりあげて比較検討することによって、祭りにおけるライブ・エンタテインメントと商業化の関係を明らかにしていく。

（1）YOSAKOIソーラン祭り

①概要

高知のよさこい祭り(197)と北海道民謡ソーラン節をミックスして誕生したYOSAKOIソーラン祭りは、毎年札幌の中心街でおこなわれる。大通り公園のメインステージでの決勝に向けて、演舞ステージ数か所で予選が繰り広げられる。出場チームは地元北海道だけではなく日本全国各地及び海外からも参加している。ちなみに観覧席は有料と無料の席があり、公式ガイドブックは有料（当時２００円）で販売されている。本事例は「受け手」（地域住民、競技参加者）および「創り手」（地元テレビ局、組織委員会、広告主）への聞き取り調査をもとにおこなっている。

②当事者による語り

ＹＯＳＡＫＯＩソーラン祭りは、北海道大学の学生が学園祭の運営経験をもとに地域活性化を目的として始まったライブ・エンタテインメントである（坪井・長谷川 ２００２）。組織委員会が主催者として構成され、そこに地元放送局、広告主がイベント協賛社として多数賛同するなど、ＹＯＳＡＫＯＩソーラン祭りは多くの「創り手」で成り立っている。一方「受け手」はイベント会場で演舞する参加者とイベントを観る地域住民と観光客などである。２０１９年でＹＯＳＡＫＯＩソーラン祭りは28回目を数え、観客数約２１１万人、演舞への参加チーム数は北海道内外で２７９団体が「受け手」（出演者）として参加している(198)。まず、「受け手」（地域住民）への聞き取りから、ＹＯＳＡＫＯＩソーラン祭りを捉えてみたい。

最初はこじんまりとしていて親しみがあったんだけどね。でもだんだん大型化してしらけてきた。しかも交通規制が多くて煩わしい。何か今は若い人たちで盛り上がっている感じ。地元のチームは応援しているけどね。(199)

最初は学生イベントとして始まってあったかさがあったんですけどね。行政が関わって大型化してから、地下鉄とかで出場者のマナーが悪かったり観覧席を有料化にしたりして離れていった感じですね。札幌市民は冷めた目で見ていると思いますよ。(200)

地域住民である「受け手」（インフォーマント44ならびに45）に共通して示されているのは、現在のYOSAKOIソーラン祭りに対して歓迎の雰囲気はない点である。ものの立ち上げ当時のアットホームなところを懐かしんでいると同時に、現状のYOSAKOIソーラン祭りに対して否定的な見方をしている。但し、全否定しているのではなく、大型化によりYOSAKOIソーラン祭りが「受け手」にとってかつてはあった親しみやすさを失ったことを嘆いているのである。

坪井善明・長谷川岳によれば、学園祭の延長線では、地域住民はYOSAKOIソーラン祭りを応援するという意識が強くあった。しかし企業がかかわるなど商業化・大型化するにつれて、次第に地域住民の反発を招くようになった（坪井・長谷川 2002）。YOSAKOIソーラン祭りに対する地域住民の「好き／嫌い」を踏まえ、生活者への映像発信を担う「創り手」にの一人は次のように述べている。

ＹＯＳＡＫＯＩソーラン祭りの通行止めが迷惑に感じる人も居るのは事実だと思いますが、土日の大通線だけなわけで、わりと他の週末と変わらない混雑具合かと。タクシーの運転手さんなんかは、不満を言う人も居るけれど。（中略）まあ文句をつけてしまえばつける人はいますよ。肌感覚でＹＯＳＡＫＯＩソーラン祭りを好きだという人に対して嫌いという人もいるわけです。その点雪まつりは好きだという人に対して、嫌いという人の声は聞きません。極端な言い方をすると、ＹＯＳＡＫＯＩソーラン祭りは嫌いという人が際立っている祭りということができるかもしれません。(201)

「街の声」としてＹＯＳＡＫＯＩソーラン祭りに対して否定的な意見があるという点に関して、「創り手」（インフォーマント46）から示されたのは、札幌雪まつりが嫌いという人が聞いたことがないのに対して、ＹＯＳＡＫＯＩソーラン祭りは「嫌いという人が際立っている」という「受け手」像である。さらにこの「創り手」（インフォーマント46）によれば、他のイベントに比べると、主催者がいて、（競技）参加者がいて、観客がいる。通常は主催者、観客の2つだけ。主催者と参加者が一緒になって観客に見せて盛り上がる可能性もあれば、単純に参加することで楽しんでいる人もいる。そんなかたちなので他のイベントとの違いや目立つ部分も多い。まず、音が大きく関係ない人からするとうるさい。まるで暴走族のように言う人もいる。街中で鳴子を鳴らすとか、参加者でない市民には違和感がある。(中略)嫌いという人はネットなどを通じて大きく声をあげる。現象として。ですから反対勢力という人も目立つのでそういうふうに感じられるのかもしれない。嫌いという人は意見をいうが、好きという人は別に意見を言わない。沿道を見ていただくとわかりますが、あれだけ喜んでみている人もいる。際立っていいわけじゃないが視聴率もある程度とるわけで、テレビ北海道なんかはゴールデンタイムでやっている。人気がないわけではないし、嫌われているわけではないが、嫌いという人の意見が目立つ祭りとはいえるかもしれない。(202)

「創り手」(インフォーマント46)から示されたことは、YOSAKOIソーラン祭りでは、オーディエンス(観客)だけではなく、競技参加者という要素が「受け手」に含められるので、統制がとりづらいということである。それゆえ街の公序良俗を乱す一部の「受け手」が目立ってしまい、一部の「嫌い」という人の声が際立ってしまうということである。その一方では、「YOSAKOIソーラン祭りは嫌い」という声に配慮して、「受け手」のマナーなど規制を強化するなどして秩序だけは保っていこうという意識が窺えた。では、YOSAKOIソーラン祭りを「好き」という「受け手」像は「創り手」にとっていかなるものか。

他のイベントとは形態が違うようにみえる。つまり、祭りの体制の中で、メディアが関わってきたから(YOSAKOIソーラン祭りが)大きくなったという側面はおおきい。絵(画像)でみせることで踊りたいなという人が増えたというか、見てて楽しそうだから参加して充実感を得てまた参加するということだと思うんです。それは僕らが取材していても思いますね。(203)

「創り手」(インフォーマント46)発言からは、演舞者として参加する「受け手」のYOSAKOIソーラン祭りへの支持が示されている。生活者にはテレビ視聴が契機となってYOSAKOIソーラン祭りに参加する「受け手」がいるので、「受け手」拡大という点での貢献と同時に、テレビというメディアとして、YOSAKOIソーラン祭りの立ち上げの時から協力して携わってきた自負が示されている(204)。「創り手」(インフォーマント46)によれば、放送を契機に、ライブ・エンタテインメントに参加するテレビの機能が示されているのだが、「創り手」は、放送を続ける意義をどこに位置づけているのだろうか。最初は学生に協力するという感覚ではじまった面はあるにしてもYOSAKOIソーラン祭りの放送は2019年で28回も続いている。継続の要因は放送局としてビジネスの成功によるものなのか、あるいはそれ以外の要因によるものなのか。

地元に根付いた祭りとして続いていて、私たちは地元北海道に根付いた放送局で、北海道民に喜ばれるものを放送していく。地元に根付いた祭りを地元の放送局が取り上げて放送するという意味は大きいと思います。だからこそ、根付いて、長く続けば続くほどそれをサポートし、お手伝いを続けていかなければと感じています。そして、これは札幌で行われる祭りなので、全道でこれて《ママ》いない方も見れるということは大きなことですし、そこでの感動、喜びをお伝えする事は放送局として、意味合いは大きいと思います。見たい、参加したい人が多いということもあります。(205)

「創り手」（インフォーマント47）が示しているのは、地域に根付いたライブ・エンタテインメントを多くの生活者に伝え、「受け手」として参加できる契機を創る役割をテレビが担っているということである。視聴者にYOSAKOIソーラン祭りの現場の雰囲気を伝えているとするならば、競技参加者である「受け手」は、いかにYOSAKOIソーラン祭りを捉えているだろうか。

③出演者としての「受け手」

日常生活とイベントの関係性という観点から、「受け手」に聞き取り調査をおこなった。

演舞当日、スタンドは満員であり、演舞者と観客の熱気に満ちた雰囲気であった。ステージ下の隅で出演を待っている「受け手」（インフォーマント48）にYOSAKOIソーラン祭りにかかわる実態を聞き取った。

祭り全体を楽しむというか、子供もたくさんいて、お母さんたちと一緒になって祭りを楽しむということで続けています。毎年本当に参加者たちが楽しみにしています。私は世話役としてもそういう思いを大事に続けていかなくてはというものがありますから、毎年続けているんですよね。(206)

14回も続けて参加する理由として、地域が一体となる「連帯意識」の形成という明確な目的が示されている。YOSAKOIソーラン祭りが踊るという行為をもとに地域一体化の機会になっている。では「受け手」は「連帯意識」を形成するために日常生活においてどう取り組んでいるのか。

私たち男はあまり（暇は）取れていないと思います。今日も半日休んで参加しています。土日は休みですからなんとかやりくりして。（中略）準備からはじめると半年ぐらい。

曲作りから始まって衣装も手作りですから。振付も自分たちで考えますし。有名なチームはお金出してプロの先生方を呼んで、スポンサーなどもつけてやりますが、私たちは全部手作りですから。自前で半年前ぐらいからこつこつと準備してやっと今日を迎えられるわけです。(207)

すべてを手作りで進めて、競技参加者全員で準備をすることで「連帯意識」を形成させていることが示されている。有名なチームと競争するのではなく、「地域の一体化」という目的達成のために自分たちが満足するように準備するのである。インフォーマントの表現を借りれば、「こつこつと」が出演メンバーの「連帯意識」には非常に重要な点であることが窺える。

インフォーマントが所属するチームは何回も持続して参加している。ではこういう状況のチームはどれほどあるのか。

我々はスポンサー、後ろ盾などどない手作りのチームです。こういうチームはだんだん減ってきているのが現状ですね。１４年やってて一時３００チームぐらいになったこともありますが、いままで２４０チーム。どんどん人は減ってきているものですから、チームの存続がままならなくてやめていくというチームがいっぱいありましたので、私たちも負けずに毎年続けることを目標にがんばっています。(208)

地域で支援者が存在しない場合、競技参加者が資金を出し合うことにより出場せざるをえない。と同時に、資金という側面において、継続して出場することがいかに困難であるか、が示されている。つまり、YOSAKOIソーラン祭りで、生活者が「連帯意識」を形成するためには、資金をいかに獲得するか、という側面が浮上する。インフォーマントの「こつこつと」には、準備段階から一体感が形成される様子が窺えると同時に、持続していく困難さを乗り越えていく意味も含まれているのである。

④主催者・広告主のかかわり

YOSAKOIソーラン祭りは、学生が学園祭の延長として地域活性化を目的に始まったイベントである。イベント理念は地域活性化である前に学生自身の存在意義に対するモチベーションであることが、主催者の以下の発言から浮上する。

同世代は無気力なのではなく、何かを求めてはい《ママ》ると感じてYOSAKOIソーラン祭りを始めましたが、そういう熱意や欲求をもっていたのは若者だけではなかったことを知りました。多くの皆さんは、自分たちの取り組みを札幌のステージで実現できる楽しさと、またそのことによって生まれる新しい人間関係に期待感をもたれたのだと思っています。（坪井・長谷川２００２：77）

学生の熱意に企業が賛同してＹＯＳＡＫＯＩソーラン祭りが発展したことが窺える。現在では、学生実行委員会ではなく、学生・社会人混在のＹＯＳＡＫＯＩソーラン祭り実行委員会が主催者である。では、現在の実行委員会は、ＹＯＳＡＫＯＩソーラン祭りのイベント理念を現実の祭りにどう反映させようとしているのだろうか。

（ＹＯＳＡＫＯＩソーラン祭りの）街の中での意義としては、経済の活性化になるだろうと思います。祭りをおこなううえで３つの基本的な原則というか、大切にしていることがあります。ひとつは誰もが参加できる祭り、２つめは演舞を見てもらうとわかるように、自由な創造性を大切にしましょうということ、３つめはその地域社会に対して元気と感動を届けようということなんです。(209)

「創り手」（インフォーマント49）の「誰もが参加できる祭り」は地域活性化にとって重要な

要素である。では、社会人としての主催者にとっての「誰もが参加できる祭り」とは何を意味するのか。

地域社会に対して元気と感動を届ける、つまりコミュニティを大切にしていくということで。チームでの参加ですからチーム自体がコミュニティということです。150人またはそれ以上の参加者を世話する人、スタッフの人たち、踊り子さんだけではなく裏方のチームを支えている人たちがいるわけですよね。それがひとつのコミュニティを形成しているわけです。それが300チームあって参加をしてくれる。1年の活動を通じて祭りに参加をしてくれる、ということが結果として祭りが成り立っているということなんです。(210)

インフォーマントによる「誰もが参加できる祭り」とは、イベントを契機として、実際の演舞者とその家族が一体となってコミュニティを形成することであり、準備期間からがライブ・エンタテインメントなのである。とはいえ、先の出演者インフォーマントへの聞き取りから資金難で撤退するチームも多数顕在化していることが窺える。

YOSAKOIソーラン祭りは地域経済がかかわっているライブ・エンタテインメントであり、運営資金など金銭面の問題はつねに存在してきた。

この祭り（YOSAKOIソーラン祭り）はそもそも学生が面白そうだぞというかたちで始めました。それに共感する社会の人、企業の人が集まってきたというなかでやっています。もともと主催団体がしっかりとしたものではなく、学生が実行委員会を作ってやっていた。後に商工会議所や札幌市がそれを支えていこうということで組織委員会ができたわけです。今も学生実行委員会と組織委員会が一緒になってやっているというかたちなのです。そこのプロセスのなかでお金というものをどう考えたらいいかという話になるわけです。（中略）当然お金は運営にかかりますから、（参加チームのほうから）チームで参加するみなさんは参加費を払ってやろうと、それがまず一点、そして企業から協賛金をもらおうということになっていったわけです。チームからは1チーム15万円の参加費をもらっています。（中略）今は参加人数が少し減ってきているので15万円が重たいということになるかも知れませんが、マラソンなんかでも一人あたり2、3千円かかりますよね。それと同じ感覚なんです。観客のほうは無料でいいはずなんです。ただ街でおこなっている、公園でおこなっているわけで、誰でもいつ何時でも使用できる場所です。そこでやっているわけですから一般の市民の方からお金を取るということは考えなかった。ただ、ものすごい人で、警察も雑踏整理に危険を感じたわけです。そうすると集まってくる人の管理をしなければならない。そうして観覧席、桟敷席ができた最初の理由です。いきなり有料だったために商業主義だと批判を浴びたこともあったわけです。（中略）私たちは興業をやっているのではない。チームも参加料を払っている市民の方々であり、（観覧席・桟敷席も）安全に見ていただくための利用券なんだという考え方です。(211)

ライブ・エンタテインメントを運営するために、発生するコストを「受け手」が分担するという行為は、ライブ・エンタテインメントの商業化という観点から効率的であると理解しうる。「創り手」（インフォーマント49）が意図しているのは、「受け手」も「楽しさ」のために「分かち合う」ことなのである。しかし、先述の「街の声」でYOSAKOIソーラン祭りの有料観客席への反対意見で示されているように、「創り手」の意図は「受け手」に理解されているようには思えない。「創り手」はいかに生活者とイベント理念を共有しうるのだろうか。

そこのロジックを正確に伝えていくことは非常に重要なことなのですが、なかなか学生が手弁当でやってきたというところに私たち大人がどこまで介入していいのかという遠慮もあり。だから純粋な動機であっても見え方が誤解されたりするケースも当時はありました。今もひとつひとつのロジックを丁寧に伝えるということは大事なことと考えています。[212]

聞き取りからYOSAKOIソーラン祭りのイベント理念を生活者にいかに伝えるか、注意を払っていることは示されている。なぜならば学生が地域活性化を目的に興したイベントを当初社会人が応援するという構図があった（坪井・長谷川　2002）。企業の介入により規模が大きくなるにつれて、当初のイベント理念に賛同していた生活者が次第に離反するようになる。ライブ・エンタテインメントへの「創り手」のイベント理念を生活者に周知させる困難さも浮き彫りとなっているのである（矢島　2000）。

主催者にとってイベント協賛は資金の一つである。広告主が主催者のイベント理念に賛同する場合もあれば「不協和音」を生じさせる場合もあることはこれまでの事例を考察しているなかで示されている。協賛に関して、YOSAKOIソーラン祭りのオフィシャルスポンサーがあり、そのほかに必要設備へのスポンサー（例えば照明に関してはパチンコ店舗）などがある[213]。協賛にあたってはTVや新聞の広告規定に準ずるということである。企業協賛を募るにあたって広告主と主催者はいかにかかわっているのか。

見返りを求めないということはないでしょう。当然見返りというものは求めてこられると思います。投下したお金に対して広告費の費用対効果がどうあったかというのは、内部で図られるものです。[214]

企業協賛はイベントを運営するうえでのメリットは大きい。と同時に、資金を提供する企業は、「見返り」を求めるというのが、主催者の見解である。つまり、主催者としては、広告主に対して協賛する副次的な見返りの期待にいかに応えていくかという点に留意しているのである。つまり、YOSAKOIソーラン祭りに対する広告主の協賛する意味づけは、イベントを支援することではなく、副次的な見返りの期待なのだろうか。主催者であるインフォーマント（49）が表現する見返りを企業はいかに捉えているか。

長く続いていて親しまれている祭りなので、そこに参加することで地域貢献につながればとの思いです。（中略）200万人以上が集まるイベントなので、看板を出すことによって目にとまるだけでも価値があるかと。[215]

YOSAKOIソーラン祭りに企業が「創り手」として参加することによって、YOSAKOIソーラン祭りは、企業が社会に利益を還元する地域貢献の場になりえて、広告コミュニケーションとして機能しうることが聞き取りにより示されている。地域で注目されているイベント化した祭りなので、イベントに協賛しているという事実が広告コミュニケーションとして機能しうるのである。

⑤小括

YOSAKOIソーラン祭りに関する事例を「創り手」(映像関係企業・組織委員会・協賛企業)、「受け手」(競技参加者・地域住民)に対する聞き取りをもとに考察した。競技参加者への聞き取りから、YOSAKOIソーラン祭りを通じてコミュニティが活性化し、「受け手」にとって、日常生活をいきいきと過ごすための契機となることが示された。何か月もかけて有志によって「連帯意識」が形成され、その成果を発揮するのがYOSAKOIソーラン祭りというライブ・エンタテインメントの場なのである。すなわち、「連帯意識」が「受け手(競技参加者)」にとっての「楽しさ(enjoyment)」であり、その経験は、「身につく」機会として地域社会に根付いていく。その一方で、地域住民の聞き取りにより、YOSAKOIソーラン祭りに親しみやすさが欠乏したことによって「冷めた目で見ている」ことが聞き取り調査により示された。

そこには、2つの問題点が存在している。1つは、「受け手」に競技参加者とオーディエンス(観客)が含まれている点であり、もう1つは商業化による経費の増大である。前者に関しては、競技参加者にとって、ＹＯＳＡＫＯＩソーラン祭りは、「連帯意識」を形成する場となる一方で、オーディエンス（観客）が参加することでいかに「連帯意識」を形成しうるか、という点である。後者に関しては、メディアが注目して、イベントが大きくなってくると、舞台設備や安全面で警備費など費用がかかってくる。運営資金を賄うために、広告主などから協賛金を募ることが困難ならば「受け手」から参加料をとる以外にない。しかし、イベントの経緯を知っている「受け手」（地域住民）は、ライブ・エンタテインメントの拡大化に拒否感がある。主催者インフォーマントによる「学生が手弁当でやってきた」という発言が象徴しているように、学生による地域活性化イベントの応援ということで、イベント理念に賛同していた地域住民にとって、経済的な意図の介入によってライブ・エンタテインメントの規模が巨大化したことには否定的な感情もある。ただし、地域経済の活性化という文脈では、成功しているライブ・エンタテインメントと言えよう。しかしながら主催者インフォーマント（49）の表現を借りれば、「大人の介入」のなか、いかに生活者は「創り手」のイベント理念に賛同しうるか、という課題を乗り越えた時に「受け手」は「創り手」と「連帯意識」を形成することも可能となろう。

（2）夏祭り

大阪を代表する夏祭りである天神祭と生國魂祭をライブ・エンタテインメントの事例として検討する。天神祭は、企業、TV局など商業的な側面をともなう「創り手」、地域住民を中心とする「創り手」、そして地域住民ならびに地縁のないオーディエンス(観客)としての「受け手」が混在している。一方、生國魂祭は地域住民を中心とする「創り手」と地域住民ならびに地縁のない「受け手」で成り立っている。天神祭と生國魂祭という対照的な事例を検証することにより、祭りと商業化の関係を検証したい。まず天神祭から検討してみよう。

①概要

朝倉書店『祭り・芸能・行事辞典』によれば、毎年7月24、25日の2日間行われ、陸地で列をなして行進する陸渡御は3000人の行列で進行し、川を船で渡る船渡御は100あまりの船が列をなして進行する。日本三大祭りとして全国的にも有名であり、企業協賛やマスメディアのバックアップによりTV放映もされる。また花火大会や船を岸につけて天神祭の雰囲気を味わうイベントをおこなうなど商業化されたライブ・エンタテインメントとして成立している祭りである。

天神祭の特徴のひとつは「講」(216)の活用である。普段から地域コミュニティに根ざした「講」が参加して祭りをささえている構造である。祭りの期間は、沿道でビールなど飲食物の販売や飲食店の店舗への誘導も盛んである。また、企業によるうちわの配布などもおこなわれていて、天神祭当日は近隣を含めた場が経済活動の場としても機能していることが窺える。

②「創り手」としてのTV局のかかわり

経済活動としての祭りの側面を考えるために、TV局インフォーマントに天神祭における「創り手」のかかわり方をたずねてみた。

実行委員会がしっかりしているのが大きいのではないですかね。イベントとして成功させるには当然運営費もかかるわけですから。（中略）うちで番組をつくっているんですけど広告などは代理店まかせなんで直接はタッチしないです。しかしあれだけ花火もあがりますし、ダイナミックでイベント性の高い祭りですよね。(217)

「創り手」（インフォーマント51）はテレビ局の営業という立場から、実行委員会が主催者として組織化されていることを商業的成功の要因にあげている。ではTV局は実際いかに天神祭に「創り手」としてかかわっているのだろうか。TV局で制作担当「創り手」（インフォーマント52）は、次のように語っている。

（テレビ局の）開局以来のつきあいです。（在阪の）他局との違いを出すには大阪の祭りである天神祭に関わることができるのは大きいですね。（中略）当初は番組的に演歌や演芸をからめてエンタテインメント性を重視していたのですが、視聴者からも祭り本来の臨場感を味あわせてほしいとの要望が高く、祭りそのものをお見せする、いわゆる原点回帰に留意するようになりました。（中略）臨場感をだすためにはカメラ態勢が重要でして、今年（２０１３年）は14台で中継にあたる予定です。（中略）やはり、テレビを見たことによって、本物の祭りに参加してみたいと思っていただけることが制作冥利につきますね。テレビを通して祭りの臨場感や魅力を感じていただいたことにつながりますから。[218]

ここでは、ＴＶ局として祭りの様子を伝えることが生活者への貢献であることが示されている。天神祭に画面を通して参加する視聴者にとっては、祭りそのものを視聴できることが重要であり、視聴者に（天神祭の）現地の雰囲気をどこまで伝えることができるかに留意しているのである。では実地で体験している「受け手」（観客）は天神祭にいかに参加しているのだろうか。

③地縁のない「受け手」の参加形態

天神祭がおこなわれる地域住民以外の地縁のない「受け手」をインフォーマントに選定した。なぜならば、地域に伝統的な祭りは、その地域住民にとってはアプリオリに生活に組み込まれたライブ・エンタテインメントである。しかしながら、地縁のない生活者にとって祭りはいかなる存在なのかを検討することは経済活動としての祭りの側面を捉えていくために必要な作業である。

会費出し合って参加するんやけど、船で走って雰囲気楽しんで壮快やな。金はかかるけど他の人とは違うことしてるし。しかも大阪の中心にいてる感じするわな。(219)

テレビとかでも情報入るし、地元は花火とかも規模ちいさいけど、天神祭は大きいし。(中略) それに地元の友達とかから天神祭のうわさ (評判) 聞くし参加せなあかん雰囲気になりますよね。(220)

インフォーマントの「他の人とは違うことをしている」や「参加せなあかん雰囲気」という発言は、ボードリヤールによる「イメージ／記号は、世界の徹底的な虚構化、つまり現実の世界を全面的にイメージ化すること」(Baudrillard 1970=1995 :178) の指摘と関連していよう。換言すれば、インフォーマントにより示されているのは、稀少性や流行性を表示する手段として天神祭に参加し、「暇にならないための余暇・自由時間」を過ごす「受け手」の形態なのである。

柳田国男によれば、祭りの重要な変わり目を祭りの参加者の中に単に審美的な立場から祭礼を観望する生活者の出現をあげている（柳田［1969］2013）。つまり祭りが娯楽として生活者の日常生活において位置づけられるようになったのである。では、祭りとは生活者にとっていかなる場になりうるのだろうか。

④天神祭における神社のかかわり

天神祭における祭礼の中心的存在である大阪天満宮はいかに天神祭を捉えているのだろうか。

> もちろん神事のための祭りではあるんですけど、生活者に聖の世界を体験してもらうものとして祭りをしている感じがあります。そのためには天神祭でいえば御鳳輦が神事としてあって、講が主体となって神賑行事をとりしきって多くのひとにきてもらうことが重要だと思っています。やはり、講の存在が大きいですね。(221)

舞台船という神様に神楽を奉納するための行事があるんですが、企業から出資を募ります。バブルの時とは違って、どの企業も有り余ったお金を出すわけではないでしょうし、出資するからにはなにかメリットを求めるのも理解はします。ですが、神事ですので、天神祭の神事としての意識はお持ちいただきたいと考えております。(222)

インフォーマントによる聖の世界を体験するために祭りが機能しているという発言は、ライブ・エンタテインメントの社会的意義という観点から注目に値しよう。つまり、「聖の世界」を本研究におけるライブ・エンタテインメントの文脈に言い換えるならば「身につく」機会と言いうる。生活者が、「楽しさ(enjoyment)」を形成する機会を見つけることが困難ならば、「創り手」により提供されたライブ・エンタテインメントによって、「楽しさ（enjoyment)」を形成する契機になりうることを示唆しているのである。

天神祭に生活者が集うように講が魅力ある花火など神賑行事を取り仕切っている一方で、「創り手」は、祭りの理念に対する連帯を重視している。祭りをライブ・エンタテインメントとして捉えるならば、「創り手」（インフォーマント55）による「天神祭の神事としての意識」を協賛企業に求める発言はライブ・エンタテインメントと商業化の関係を捉えるうえで重要であろう。なぜならば、これまでの事例でもすでに示されているように、「創り手」として、ライブ・エンタテインメントへの思いが強ければ強いほど、産業の介入に拒否感がある。加えて、ライブ・エンタテインメントへの思いは守るべきものであり、そこに1企業の影響力が大きくなると、思いが崩れてしまう懸念があるのである。

⑤天神祭小括

天神祭は、地域住民ならびに地縁のないオーディエンス（観客）で構成される「受け手」、講や大阪天満宮などの経済活動として行っているわけではない「創り手」、テレビ局、広告会社、広告主などある程度経済活動を有する「創り手」、寄付をおこなう団体や行政などが混在した祭りである。

祭礼に携わる「創り手」への聞き取りで示されたのは、祭りの理念という要素である。「創り手」の祭りの理念は、祭りを通じて多くの生活者が祭礼にかかわることによって気づきをえることであるから、その理念に連帯しない、副次的な見返りのみを期待している企業などからの協賛は受け入れがたいのである。「創り手」の祭りの理念である「生活者が聖なるものを体験するために祭りがある」という文脈に即して捉えるならば、地域住民であれ、地縁のない生活者であれ、「受け手」は祭りの理念に共振すれば「創り手」と「連帯意識」を形成し、「身につく」機会になりうるのであろう。

一方祭りの商業化という観点から捉えれば、協賛金が集まれば集まるほど花火などのアトラクションや有名芸能人などを招待するなど、ライブ・エンタテインメントを豪華にでき、「受け手」に表層的な要素を享受させうる。地縁のない「受け手」（観客）への聞き取りでも示されたように、「他とは違う」や「参加しなければならない雰囲気」という余暇・自由時間における稀少性や流行性という側面は、ライブ・エンタテインメントに生活者を引き寄せるためには必要な要素であろう。

ライブ・エンタテインメントと日常生活の関係という視点から捉えるならば、地縁のない「受け手」への聞き取りから、天神祭は、「受け手」にとって「身につく」機会にはなっていないことが示された。経済市場経済を目的とする「創り手」がかかわり、規模という側面で大きい祭りの場で、地域住民以外の地縁のない生活者が「受け手」として参加した時に、「創り手」の祭りの理念にいかに「連帯意識」を形成しうるか、という課題が本事例から浮上するのである。

⑥生國魂祭（いくたままつり）概要

『年中行事大辞典』によれば、正式名称は「生魂神社生玉夏祭」という。7月11、12日におこなわれる夏祭であり、天神祭、住吉祭と並び大阪の代表的な夏祭。天満宮の船渡御に対し、陸渡御と並び称される盛大な祭りであった。戦前は大阪城へ御鳳輦などの神輿を中心に約2、000名の行列が渡御していたが、1945年3月の大阪大空襲により、社殿群、祭礼の神具、氏子の家々も焼失。1989年よりトラックによる車両渡御となっていたが、2014年には谷町筋に大規模な交通規制を敷き、大規模な渡御列を復活させた。

天神祭は、企業やTV局などが介入して商業的に活性化している祭りである[223]。それに比べて、生國魂祭りの主催者には、イベントを生業とする「創り手」は存在せず、あくまで地域住民が「創り手」の主体となって成り立っている祭りである。DIY型ライブ・エンタテインメントである生國魂祭を商業化された天神祭と対比し、「創り手」の取り組み方を検討することで、ライブ・エンタテインメントにおける「受け手」と「創り手」の関係を考察したい。

⑦地域住民「創り手」のかかわり

地域住民である「創り手」にとって生國魂祭とのかかわり方とはいかなるものだろうか。

　プロセスとしては、宮司さんや関係者を呼んで1月から2月ぐらいに新年会。その後月1回会議をして、方向性を決めて最終「お錬り（オネリ）」[224]をどういう形でするか決まるのが4か月前くらいです。（中略）当日担ぐには、助っ人が必要なんです。担ぎ手が足らないのが現状で。（中略）我々神輿方のうち数名は当日（神輿の）周りについて指示します。[225]

　当日神輿を担ぐには、地域住民以外の生活者にも参加を呼び掛けるなど、担ぎ手が不足している現状がある。

なかなかみんなに声をかけても人が集まらないわけです。（中略）かかわりだして、6年になりますが、最初はホームページをつくって公募していこうとか話は出たんですが。（中略）担ぎ屋[226]という方々も存在するんですが、変なひとが絡んできて、神輿を仕切られたら自分たちの祭りでなくなるし。やっぱり自分たちが楽しめる祭りにしていかなければいけないと思います。[227]

神輿の担ぎ手が不足している中、「お錬り」を成立させるために地域住民の縁で「受け手」（担ぎ手）を集めている様子が窺える。実際当日神輿の担ぎ手に聞き取ると、「生國魂祭を盛り上げようとみんなでがんばって、それに感動した人間が集まってきて心をひとつにする気持ちいい組織なんです」[228]との発言があった。生國魂祭において、神輿を担ぐことで感動するほどの経験ができるにもかかわらず、担ぎ手が不足しているのである。インフォーマントの発言にある「自分たちが楽しめる祭り」にするには、「創り手」として参加する生活者の減少が大きなネックになっていることが窺える。

⑧生國魂祭における神社のかかわり

実行委員会が組織としてしっかり機能している天神祭と比較すると、生國魂祭における「創り手」は運営に苦労している様子が窺える。では、生國魂祭において祭礼の中心である生國魂神社はいかに生國魂祭を捉えているか。

まずは、生國魂神社の宮司に生國魂祭と同じ夏祭りである天神祭との違いについて以下のように聞き取りをした。

日本は基本秋祭りが多いんです。しかし、ここは夏祭りなんですね。秋が収穫の季節ですからそれを祝うために秋に祭りがあるんです。夏に祭りをするわけは、昔、夏は疫病が発生しやすかったからそれを鎮めるためです。(中略) 秋の収穫祭が祭りの基本であって、夏祭りは都市部で起こった。江戸時代までの日本の標準からすると、特異なものという位置づけです。(中略) 生玉さん (生國魂神社) の祭りが天神祭と差がついてきてるのは、空襲によって、古くからの氏子さんなどが疎開のため奈良や他のエリアに移り住んでしまったことで根がなくなったのです。簡単に言いますと、天神さんは空襲の被害を受けなかったが、生國魂神社は受けたということなんです。つまり天神さんは戦前からのベースが残っていた強みがあったんです。古くからの氏子さんが極めて少なくなった終戦後の生玉さんの祭り (生國魂祭) は戦前からの氏子さんが残った天神さんと違う。（中略）天神祭にも危機があって、オイルショックの時代に日本経済が停滞し、従前通りの船渡御の斉行が危ぶまれたそうですが、当時の神社側が商工会議所に相談していろいろな企業が資金を出し合い、現在につながる船渡御が成立した経緯があるんです。オイルショックの時に商工会議所という新たな根を生やしたのが天神さんなわけですし。(229)

都市部で育まれてきた祭りは、農業従事者が大半であった時代には例外的な祭礼であるにもかかわらず、大阪三大夏祭りとして続いてきたのが、生國魂祭と天神祭である。インフォーマントによれば、天神祭は企業から協賛を受ける慣習がオイルショックという危機をもとにできた。その一方で、生國魂祭は企業から協賛を受ける慣習がないまま現在に至っているので、企業から協賛を受けて祭りを成り立たせる過程を踏んでいないのである。また、インフォーマント（59）の「根」という発言は、生國魂祭に縁のある人が戦争という現象により減少してしまったのに比べて、天神祭は、祭りの理念を継承する氏子が残り、商工会議所と連帯したことを示している。

ではインフォーマント（59）にとって生國魂祭とはいかなる存在であろうか。

祭りは消費行動だと思います。1年４００の収穫があって1日1つずつ消費していけば足りるものを、労働の喜びを感じるために余分に消費する。それが祭りだと思うんですね。[230]

インフォーマント（59）は、祭り本来の意味を、生活者の日常生活の慰安と確認の機会と位置づけている。

村おこしのために地方の商工会議所がイベントをする。これはお金を使っているだけで収穫がない。（中略）収穫するものがあって、その労働に対する感謝と慰労というかそのために消費行動を起こすのが祭りの経済的な側面だと思います。地方の自治体がやるイベントはそこに収穫がないのにイベントをやる。イベントの時に人は来ますがコンセプトがなにもないから、回っているものに触れられない。つまりこれをやっても意味がないと思うんです。[231]

インフォーマント（59）により示されているのは、祭りは本来日常の労働の成果に対する感謝と慰労の場であると同時に、労働の意味を確認する場として機能している点であり、「労働の喜びを感じるため」という語りには、労働の大切さの「気づき」を得る機会として祭りが機能しうることが示されているのである。と同時に、インフォーマント(59)の発言は、「創り手」に理念がないまま開催されたイベントは、「受け手」にとって単なる消費活動の機会になりうることを示しているのである。

生活者には非日常の場は必要であり、本来その場は日常と密接につながっているとの「創り手」(インフォーマント59)の発言は、ハレとケ[232]という考え方につながるものである。たとえば小松和彦によれば、ハレの行事は、「生活者は来るべきハレの日に備えて日々の生活を切り詰め、ハレの日は思いっきり贅沢に過ごそうとした」(小松 1997:9) 場であり、「普段は体験することのない緊張感・解放感に浸った」(小松 1997:9) 機会である。しかし、日本の生活スタイルの欧米化により、ハレとケの混乱がおこったのである(柳田[1930] 1993)。柳田はハレとケについて分析をおこなっているが、柳田の分析で興味深いのは児童の遊びにハレの名残りを以下のように指摘しているところである。

飯事と称する児童の遊戯は、恐らく日本でばかり特に発達した行事であろう。これは屋外の食事が盆とか春の節供とかの定まった日に、非常な快楽をもって企てられた名残りであって、子供が忘れかね《ママ》て今でもその模倣をくり返しているのである。(中略) 今でも大人たちがすぐ昂奮する。理由は他人の中で食事をするということが、本来は晴であったからである。（柳田［1930］1993：95）

ハレとケの混乱により祭りの世俗化が促進され、ハレとケの区別がなくなってしまった（小松1997）。「創り手」（インフォーマント59）の発言は、ハレとケの区別をすることが困難になった社会においてライブ・エンタテインメントが果たす役割を検討するうえで補助線となるものである。すなわち、ライブ・エンタテインメントに明確な理念がないならば、その場は生活者にとって一過性の単なる消費活動になってしまうのである。

インフォーマント（59）は「回っているもの」という表現で日常生活へのつながりをたとえた。加えて、「日常生活の延長という（日常生活で）埋もれているものがどんどん出てくるのが祭り」(233)との発言から導かれるのは、祭りというハレにおいて、日常生活への「気づき」を獲得し、日常生活というケに戻っていきうる、という祭りの機能である。

⑨生國魂祭小括

ライブ・エンタテインメントは「創り手」としてライブ・エンタテインメント産業、広告主などがかかわることによって商業化する。しかし、生國魂祭はそのいずれも「創り手」として存在しないライブ・エンタテインメントである。そのため、天神祭と比べると、担ぎ手の人手不足など運営という観点から問題も浮上している。とは言え、天神祭と同じことをしたからといって生國魂祭がさらに活性化するわけではない。

生國魂祭における祭礼の中心である生國魂神社の「創り手」の発言でも示されたように、祭りの成功／不成功を判断するのは、テレビ中継や賑やかしという点ではなく、「受け手」が祭りにおいて、日常につながりうる「楽しさ(enjoyment)」を経験できるかどうかなのである。「創り手」(インフォーマント56)の「自分たちが楽しめる祭り」という発言は、「創り手」自身が祭りで「楽しさ」を経験している証左である。しかしながら、神輿の担ぎ手不足が示しているように、「創り手」の祭りの理念が、どれだけの「受け手」としての地域住民に共有されているのだろうか。換言すれば、「創り手」の祭りの理念を多く地域住民で共有したならば、生國魂祭は地域を活性化させうるだろう。

では、いかにすれば生國魂祭における「創り手」の祭りの理念を多くの生活者と共有することができうるだろうか。生國魂祭は非商業的な祭りであるからこそ、「創り手」の中では「不協和音」は生じない。しかし、インフォーマントの表現を借りるならば生國魂祭の「根」をひろげる契機となるために、「受け手」と「創り手」による「連帯意識」の形成に、運営資金を提供しうる「創り手」がいかにかかわっていくか、が今後の課題として浮上するのである。

第3章　結　語

本研究は、ライブ・エンタテインメントの社会的意義を検証したものであり、「受け手」と「創り手」の関係性に着目して、①能動性、②日常生活への連続性、という2つの側面から検討にあたった。能動性に関して、まずメディアテクノロジーの発達に伴い、「ライブ」の意味が文脈によって変化しているなかで、ライブ・エンタテインメントにおける「受け手」の能動性は、物理的環境など外形的事実だけではなく、生活者がいかに社会とかかわっているか、という観点から「受け手」がいかに「創り手」と向き合っているかを検討していく必要性が示された。

次に、ライブ・エンタテインメントに参加する「受け手」と「創り手」の関係性を、これまでの文化産業論が展開してきたような、「創り手」に誘導される「受け手」への悲観的な捉え方と比して、能動的に参加可能な「受け手」を浮上させた。つまりライブ・エンタテインメントで「受け手」が能動的に参加するには、商業的な側面を排除することではなく、いかに商業的な側面とかかわっていくかと言う点が重要であり、「創り手」との多様な関係性の中で、「受け手」は能動的にもライブ・エンタテインメントに参加しうることが示された。

それを受けて、「受け手」と「創り手」による「連帯意識」を検討した。その結果、ライブ・エンタテインメントの「創り手」は、その場で終始しうる連帯意識ではなく、自己認識を確立する「連帯意識」を提供しうる場合もあることを示した。たとえば政治運動につながるライブ・エンタテインメントであっても、「受け手」にとって最初に「楽しさ（enjoyment）」があり、そこでの「気づき」から政治運動につながっていく可能性がある。すなわち、ライブ・エンタテインメントの場で「楽しさ（enjoyment）」から「内発的報酬」を獲得することが、その場を離れたあと政治運動への契機になりうるのである。ウッドストックとRTSを始めとする「新しい社会運動」の共通点から示されたのは、ライブ・エンタテインメントにおける「創り手」のイベント理念を、「受け手」が共有・共振し、「連帯意識」を発生せしめるというかたちでの能動性である。

ライブ・エンタテインメントに参加した経験と日常生活の連続性、というもう1つの論点に関しては、カイヨワから導きだされるライブ・エンタテインメントの「有効範囲の限定された機会」に対して、チクセントミハイのフロー理論を補助線に検討した。そして、フロー理論における「楽しさ（enjoyment）」と「快楽（pleasure）」との差異からライブ・エンタテインメントにおける「受け手」の経験のなかで、「身につく」という経験が日常生活との連続性を捉えるうえで重要であると指摘した。フロー理論に着目した先行研究から、ライブ・エンタテインメントが日常生活に還元される「身につく」機会になるには、「受け手」の性質次第であり、ライブ・エンタテインメントは、参加する生活者の性質によって、能動的／受動的、日常へのつながり／非日常の場で完結、のいずれにも変容するという仮説が導き出された。

そしてさらに、ライブ・エンタテインメントにおける社会的意義を検討するには、ライブ・エンタテインメントへの参加の契機となる余暇・自由時間を、生活者はいかなる意識で捉えているか、ということを類型化する必要があった。チクセントミハイの「楽しさ（enjoyment）」／「快楽（pleasure）」に関する議論を補助線として、余暇・自由時間に関する先行研究を日常生活への連続性／消費、という観点から検討した結果、①暇な余暇・自由時間、②暇にならないための余暇・自由時間、③暇ではない余暇・自由時間、に類型化できうることを示し、事例考察にあたった。

事例として選定したのは、生活者が日常生活の余暇・自由時間でおこなうことができる①スポーツ、②音楽、③演劇、④祭りの4分野であり、計59人のインフォーマントから実地での聞き取りをもとに検証した[242]。どの事例も商業化と「受け手」の関係という観点からもライブ・エンタテインメントを検証することを目的としたので、「受け手」、「創り手」双方から聞き取りを実施した。

検証した結果ならびに考察を巻末に図表1、図表2として2つの表にしてまとめた。図表1は、各分野・事例ごとに①その場を構成している「受け手」ならびに「創り手」の役割が明確か否か、②「受け手」の参加形態、③参加した経験が日常生活につながる可能性／不可能性、という3点からまとめた。図表2は、本稿でこれまで展開してきたことを踏まえ、図表1の分析結果をもとにライブ・エンタテインメント4分野の社会的意義を示した。

スポーツ、音楽、演劇、祭りという4つの分野でライブ・エンタテインメントを考察したが、各分野において「受け手」の参加形態に違いがあった。スポーツにおいては、「受け手」は競技参加者としても参加可能である。音楽においては、ミート・ザ・ワールド・ビートやサマーソニックで「受け手」はオーディエンス（観客）のみの参加であるが、高槻ジャズストリートでは「受け手」は観る／観せるどちらでも可能となり、同時に「創り手」としても参加可能となる。演劇では、「受け手」はオーディエンスとしてのみ参加している。祭りにおいては、YOSAKOIソーラン祭りでは演舞者として、生國魂祭では神輿の担ぎ手として「受け手」は参加することが可能であるが、天神祭のように地縁のない「受け手」はオーディエンスとしてのみ参加している形態もあった。

では「受け手」の参加形態が異なる分野においてライブ・エンタテインメントはいかなる特徴を有しているのであろうか。

まずサーフィン競技会の事例で「受け手」の参加形態が顕著に表れている。ライブ・エンタテインメントの場は日常生活で経験した「楽しさ（enjoyment）」を確認し自己認識を発展させる機会になっている。と同時にライブ・エンタテインメントの場は、さらなる「身につく」機会を創る契機となりうる。さらに、ソニー生命カップレディステニス大会の事例で明らかなように、ライブ・エンタテインメントに参加することを契機として、生活者は、日常生活で「身につく」機会を形成しうるのである。

音楽の分野では、商業化されたライブ・エンタテインメントとしてのサマーソニックおよびミート・ザ・ワールド・ビート、DIY型ライブ・エンタテインメントとしての高槻ジャズストリートを事例として取り上げた。前者は、マスメディアや広告主など企業が中心となって成立したライブ・エンタテインメントであり、「受け手」と「創り手」の役割が明確に分かれている。「受け手」は、「夏フェス」の場を日常生活の「発散」あるいは日常生活への「充電」の機会と捉え、「意味のある経験」として日常生活に戻っていくのである。と同時に、「意味のある経験」は、日常生活を過ごすモチベーションとなり、生活者は再び「受け手」となってライブ・エンタテインメントに参加しうるが、「身につく」機会ではない。

対照的に、高槻ジャズストリートは地域商店街の生活者が主体となって成立したライブ・エンタテインメントであり、「受け手」と「創り手」の役割が明確ではない。オーディエンス（観客）は、ライブ・エンタテインメントの理念（思い）に賛同すれば、主催者として運営に参加できうる。「創り手」のライブ・エンタテインメントへの「思い」に対して「受け手」が「連帯意識」をもつことは、「身につく」機会の形成につながると同時に、「受け手」は、ライブ・エンタテインメントでの「気づき」が日常生活にフィードバックされる「身につく」機会となりうることが示された。

演劇においては、市場経済の影響を受ける側面と受けない側面が示された。前者では、商業化の発展により出演者や舞台の「豪華さ」といった演劇の表層的な要素だけを受容する「受け手」が参加可能となる。後者では、「受け手」が「創り手」の「思い」に「連帯意識」を形成することにより、演劇が「身につく」機会となりうるのである。

祭りの3事例からは、「受け手」がイベント理念に「連帯意識」をもつことが必要であることが示された。つまり、ライブ・エンタテインメントに参加した「受け手」が、「連帯意識」のもと「楽しさ」を経験し、「内発的報酬」を獲得することで、日常生活とライブ・エンタテインメントでの体験がつながりうるのである。と同時に祭りは、商業化の発展により、規模が大きくなったとしても、祭りの理念を「受け手」が「創り手」と「連帯意識」を形成しないならば、「受け手」にとって祭りというライブ・エンタテインメントは表層的かつその場で完結する「快楽（pleasure）」の側面を享受する機会となるのである。

本研究は、ライブ・エンタテインメントの社会的意義を、生活者が参加した経験が日常生活につながりうる機能であると捉え、①能動性、②参加した経験と日常生活の連続性／非連続性、という2つの側面から検証した。「発散」や「充電」など「快楽（pleasure）」に依拠した行為であっても、ライブ・エンタテインメントに参加した経験は、「意味のある経験」として日常生活につながりうるが、「身につく」機会ではない。生活者に「楽しさ（enjoyment）」から自己認識の確立につながる機会を提供する場、というのがライブ・エンタテインメントの社会的意義になりうることが示された。

4分野を通じてライブ・エンタテインメントにおける「受け手」と「創り手」の関係を検討した結果、「受け手」が「創り手」になりうる高槻ジャズストリートにさらなる社会的意義の可能性を見出す。高槻ジャズストリートでは、地域住民である主催者にはに明確な理念があり、副次的見返りを第一義に期待する企業の参加を拒否する。したがって資金的な困難さを伴う。高槻ジャズストリートの事例が示しているのは、市場経済に立脚した「創り手」が見返りを第一義的に期待するのではなく、主催者のライブ・エンタテインメント理念に賛同し、地域住民と関係性をもつことによる「連帯意識」が、今後ＤＩＹ型ライブ・エンタテインメントにおいて、主催者のそういった困難さを克服していく可能性である。

その一方で、今後ライブ・エンタテインメントの社会に資する可能性を、さらに検討を進めるにあたって、課題としては少なくとも3つあげられる。まず1つ目は、「受け手」が「楽しさ」を経験することによって自己認識はいかに確立されうるのか、という点のさらなる考察である。本稿において先行研究および事例考察を踏まえ、「受け手」のライブ・エンタテインメントでの参加経験が「楽しさ（enjoyment）」により日常生活につながりうる、という外形的事実を示すことはできた。しかしながら本研究では、多様なライブ・エンタテインメントから「受け手」の経験が日常生活につながりうる共通な要素を見出そうとしたので、今後はそれぞれの事例をより深く考察する必要がある。「受け手」が「楽しさ（enjoyment）」を経験することによる自己認識の確立を全面的に検討することは後日の課題としたい。

2つ目は、商業的側面からイベントにおける「受け手」と「創り手」の「連帯意識」のさらなる考察である。実際、ウッドストックにおける「創り手」の思いを25周年記念フェスティバルでは「オリジナル・フェスの純粋な精神を汚した」（Lang 2009: 398）との非難があるにもかかわらず、チケット代の高騰を防ぐために大企業から協賛を募った。「オリジナル・フェスの純粋な精神」に忠実に従うならば企業からの協賛は拒否するべきだろう。ところが、ライブ・エンタテインメントの規模が大きくなればなるほど、安全面や（チャリティ精神を除いて）

出演者の質、などを確保するためには多額の資金がかかってくるので、(企業協賛に頼らなければ)運営費はチケット料金で賄う必要がある。チケット料金の適正化という観点は、生活者の消費活動とライブ・エンタテインメントの関係性を考えるうえで不可欠な要素と言えよう。「創り手」のイベント理念に商業的側面が合わさることによって、「受け手」と「創り手」の「連帯意識」にどのような変化があるのかさらに探究する必要がある。3つ目は、付論にも記した「かりそめの現実」が社会に果たしうる役割について、本論文ではほとんどふれることができなかった。以上のような点について検討を続けていきたいと考えている。

商業化されていないライブ・エンタテインメントはもちろんのこと、経済活動の一環として「創り手」が関与してくる、商業化されたライブ・エンタテインメントにおいても、「受け手」と「創り手」、「受け手」と「受け手」がかかわりあうことで、それがいかに「楽しさ(enjoyment)」を形成する場となりうるのか。広告業界にてイベントに関わることから職歴をスタートさせた身としては、ライブ・エンタテインメントについてさらに深く研究し、その可能性を考察していくことを今後ともライフワークとしていきたい。

付論　ライブ・エンタテインメントが求められる社会的背景

（1）生活者にとっての「豊かさ」

①「心が満たされていない何か」という不安

生活者は何を希求してライブ・エンタテインメントに参加しているのか。最初に、生活者が日常生活を過ごしている社会とはいかなるものか、を検討してみよう。

『アドスタディーズ』Ｖｏｌ．６２（２０17年12月25日号）の特集は「ダイバーシティー社会を生き抜く、インクルーシブなマーケティング」である。この号を貫くキーワードは多様性であり、一方向に囚われないさまざまな見地からものごとをとらえていくことが企業のマーケティングには不可欠であるということが各論考で取り上げられている。その中で編集部がオムニバス調査をもとに分析結果をリポートした「生活者を覆う巨大な虚無感と閉塞感：日本の社会と世界の将来に対する暗い見方」によれば、社会の将来イメージを問う調査で約8割が日本の将来に対して悲観的な見方をしていることが示された。その一方で、ＮＨＫ放送文化研究所が5年に一度実施している日本人の意識調査においては、生活全体の満足度では、「満足している」、どちらかといえば、満足している」で全体の９１．７％を占めている

（NHK放送文化研究所　2020）。これら二つの調査は相反する結果を示しているのだが、そこから日本の現状、つまり雨風をしのぐ家はあり、空腹を満たす食事はでき、ある程度欲しいものは手に入れることはできる一方で、何か人生において満たされないものがある人びとの存在が浮かび上がってくるのである。新聞の読者投稿を分析し、物質的飢餓感を乗り越えた日本人の新たな飢餓感＝不幸を検討した見田宗介や、見田の議論を発展させた小熊英二の議論である「現代的不幸」からは、「心を満たす何か」が人びとには欠乏していることを示しているのである（見田　2004；小熊　2009）。では、「心が満たされていない何か」をいかにとらえることができうるか[234]。

②SEKAI　NO　OWARIを通してみる社会の「不安」

SEKAI　NO　OWARIという日本のバンドがある。2014年から5年連続して、NHKが大晦日に放映する紅白歌合戦に出演するなど、日本国内では広く知られた存在となった。SEKAI　NO　OWARIは、2010年に結成された4人組の音楽バンドであるが、その詩に含まれるメッセージの多くが、希望やロマンに満たされる理想と現実の社会とのギャップを捉え、理想の社会に向けて困難を乗り越えていくにはどうすればいいか、と解釈できる。SEKAI　NO　OWARIの曲で伝えられる詩から社会を「不安」という観点から考えてみたい。

SEKAI NO OWARIの楽曲は、「心が満たされていない何か」を捉える補助線となるのである。生活していてさして不満はあるわけではない。しかし、「心を満たしていない何か」があり、その中で、現代社会の現実とは「ずれた」世界観を楽曲で描いていくのが、SEKAI NO OWARIであり、彼らは周縁的な考え方を照射しているのである。たとえば、『RPG』では、まず、「僕は君を探して一人で歩いていた」、「あの日から僕らは一人で海を目指す」と表現し、「自分探し」の旅にでる。その過程で「『方法』という悪魔にとり憑かれないで『目的』という大事なものを思い出して」、そして、「『世間』という悪魔に惑わされないで自分だけが決めた『答』を思い出して」、と表現することで、自分自身ともう一人の理想とする自分を描き、自分のペースで理想に向かうことができない社会への危惧を表わしている。このことは、自分の将来の目標、夢など「持たねばならない」という「自分探し」が心理的な圧力となる状況に対する「ずらし」であると言えよう。

③「不安」を乗り越えて

「心が満たされていない何か」という漠然とした「不安」は、「現代的不幸」であり、SNSが発達した社会において、意見（価値観）の対立を増長させる。その結果、SNS上でさまざまな考え方を共有できず、似通った考え方の生活者でコミュニケーショングループを形成する「エコーチェンバー（Echo Chamber）」が表面化するようになった。

加えて、1990年代から「自分探し」という言葉が新聞紙上でもとりあげられるようになるほど、社会的に当たり前の現象となり、小説やさまざまな学問領域においても「自分探し」がテーマとしてとりあげられるようになった[235]。また、学校でもキャリア教育という観点から自己形成を図っていく試みがなされているが、本田由紀が弊害を指摘しているようにキャリア教育は必ずしもすべての若者に有効ではない（本田２００９）。本田によれば、キャリア教育とは、若者に対する為政者の願望である一方で、将来を自分で決めなければならないという規範や圧力により若者に不安を生じさせ、夢に駆り立てようとする。確かに、なりたい自分を思い描いて、それに向けて困難を克服していく過程は、人間形成において有意義であろう。しかしながら、他者からの評価＝人生の成功というメッセージが同調圧力となることが人びとを「不安」に駆りたてているのではないだろうか。つまり、なりたい自分に向けて邁進する＝社会的評価があがる、というメッセージが浸透すればするほどその周縁に追いやられた生活者を「不安」にさせていく状況をＳＥＫＡＩ　ＮＯ　ＯＷＡＲＩは危惧していると言えよう。

さらにＳＥＫＡＩ　ＮＯ　ＯＷＡＲＩは、マーメイドラプソディという曲で、「どうか押し付けないで」「わたしは貴方が会いにきてくれる『不自由』なこの場所が好き」、そして「『自由』を唱える人たちは『人魚を海に帰すべき』と言った」、しかしながら「硝子の中から叫んでも何も届かない」。つまり、水槽に入れられていることが好ましいと感じている対象者に対して、その状況を評価する人びとが水槽に入れられている＝自由ではないという一方的な見方が同調圧力になり、結果的にその対象者を苦しめる。従って、周縁にいるその対象者は、社会の一方的な見方にあわせなくてはならないという「不安」が生じることを示唆している。

(2) ライブ・エンタテインメントと「自己認識の発展」

では、生活者が「不安」を抱えている社会において、ライブ・エンタテインメントはいかなる意味づけがなされるであろうか。そのためには、ライブ・エンタテインメントと生活者の関係を検討する必要があると思われる。なぜならば、生活者はいかなる社会的背景でライブ・エンタテインメントに参加するのか、を踏まえることにより、ライブ・エンタテインメントの社会的意義を考察する補助線になりうるからである。そこで、本項では経験・情報を踏まえて発展／成長させていく「自己認識の発展」という視点に着目して検討していく。

① 「自己認識の発展」の社会的背景

J．リオタールが「ポストモダン」を「大きな物語」が失効した時代と指摘して以来、「大きな物語」という生活者が共有する意識と「自己認識の発展」に関するさまざまな議論が日本でもおこなわれている[236]。

たとえば大澤真幸は、生活者が共有する意識を「規範の妥当性を保証する、神的、あるいは父的な超越的他者」（大澤 2008：167）である「第三者の審級」という観点から捉え、時代背景をもとに3つに類型化した（大澤 2008）。ひとつは、第2次世界大戦から1970年の大阪万国博覧会に至る高度経済成長に支えられ、生活者は物質的な豊かさのためという目標が生活者に共有される意識になりえた「理想の時代」、2つ目は「人並みな暮らしを目指し、横並びを志向した大衆の時代を経て、再び生活者はばらばらな生き方、暮らしかたを志向し始めている」（博報堂生活総合研究所 1985：14）に代表されるように、他の生活者との差異化を通して消費することが生活者に共有される意識になりえた「虚構の時代」[237]、3つ目が、生活者に共有する意識が生成されえない中で、通常の現実以上の「現実」を生活者が求める「『現実』へと向かっていく逃避」（大澤 2008：4）の時代としての「不可能性の時代」である。大澤は、絶対的な他者が不在の中で起きた典型例として1997年の神戸市須磨区での連続児童殺傷事件を挙げている。自らを「酒鬼薔薇聖斗」と名乗り、当時14歳だった「少年A」は、「透明な存在から実在する存在になるための儀式」として一連の犯行に及んだという。大澤が着目しているのは、他者から認識されることがない存在を脱するための儀式が殺人であり、加えてその儀式を誘導したのが私的な神「バモイドオキ神」

である。すなわち、「少年A」は「バモイドオキ神」という絶対的他者を創りあげ、猟奇的な殺人を実践することで自己認識を発展させたのである。

大澤によれば「理想の時代」、「虚構の時代」という時代区分では「第三者の審級」という絶対的な他者が存在して、「第三者の審級」という「大きな物語」を規範として行動すれば、生活者に問題は起こりえなかった。ところが、「不可能性の時代」では、マスメディアなどを通じて形成された規範となるモデル「第三者の審級」が不在のなか、生活者は「現実」を自ら構築する必要が生じたのである。

鈴木謙介が、イベントを生活者の消費行動と結びつけ、再帰的な自己モデルを維持するための「ネタ消費」（鈴木 2005：156）として捉えているように、絶対的他者が存在していない以上、生活者はさまざまな情報や経験から自己認識を発展させていかざるを得ないのである（鈴木 2005；永井 2016）。絶対的他者が不在となり、生活者それぞれが自己認識を発展させることにより生活の規範を創りあげていく社会は、多様な自己で形成される社会と言い換えうる。つまり、生活者それぞれの経験に基づく多様な価値観で形成された社会で、いかにライブ・エンタテインメントが生活者にとって意義ある機会になりえるかという課題が浮上するのである。

②「受け手」の集合への参加と「自己認識の発展」の関係

では、生活者はライブ・エンタテインメントに参加することで、いかに自己認識を発展させうるか。次に、生活者が集合した場と「自己認識の発展」の関係を検討していく。まずは、今の時代を象徴しうる２つの事例を概観していこう。

伊藤昌亮（伊藤 ２０１１）は、２ちゃんねるというインターネットによるコミュニケーション手段から自然発生的にイベント化した「吉野家祭り」に焦点をあてて、集合という観点から、生活者の行動を分析している。吉野家は日本を代表する牛丼屋の大手チェーンの一つであり、「吉野家祭り」とは、２ちゃんねるでユーザーがネット上で事前に会話した内容をもとに、実際吉野家で集まり実行する行為のことである。伊藤によれば、「吉野家祭り」の成立した経緯として、２００1年に日記サイト『Ｎｏｔ Ｆｏｕｎｄ』に吉野家に関する日記が掲載されたことをきっかけとして、２ちゃんねるの「Ｂ級グルメ@２ｃｈ」のカテゴリの中で流布し出し、ついには現実の場で集まるイベントが2ちゃんねる上で呼びかけられるようになった。伊藤は、「吉野家祭り」にまつわる行動を「実行前段階」（オンラインコミュニケーションの次元において2ちゃんねるを使ってメッセージのやりとりをしながら計画をたてる）・「過渡段階」（オフラインコミュニケーションの次元で実際吉野家に集まって牛丼を食べる）・「実行後段階」（オンラインコミュニケーションの次元で吉野家での集合の事後報告を「2ちゃんねる」を使ってコミュニケーションする）と弁別し、「2ちゃんねる」への投稿分析をもとにコミュニケーション形態を検討している。

「吉野家祭り」で注目すべきは、日常生活者が食事をする場である吉野家が、集合という現象で非日常化する点である。そして、非日常化という「お祭り」として経験した事実について、(インターネット上で) 会話することにより「自己認識の発展」につなげようとしているのである。伊藤によれば、「2ちゃんねらー」(2ちゃんねるを使ってコミュニケーションする生活者) の投稿分析をすると、吉野家での集合の「実行後段階」では連帯や一体感といったものが芽生える。つまり「吉野家祭り」は2ちゃんねるというインターネット普及後に発達したコミュニケーション形態を活用した集合を前提としているのである(238)。

しかしながら、「お祭り」で形成させた事実は、持続性の弱い脆弱な「かりそめの現実」なのである(239)。絶対的な他者が存在せず、「自己認識の発展」を実感するためには、さまざま事実から規範となるものを選択する必要がある。「吉野家祭り」では、「自己認識の発展」を実感できない不安を、集合という事実によって回避している生活者の様子が示されている。しかしながら、この種の集合は伊藤が「無意味さの意味」(伊藤 2011：392) と表現しているように、不安がなくならない限り、永続的に続く現象なのである(240)。持続性が弱く、瞬間的な「お祭り」を求める生活者が増えるにつれて、「創り手」は疑似「お祭り」を提供するようになる(新井 2009)。擬似「お祭り」は持続性の弱い瞬間的なものであるから、生活者は、生活者の間で共有する意識を得るために「お祭り」に次々終わりなく参加することを繰り返すのである[241]。

「かりそめの現実」という観点から集合を捉えた伊藤の「吉野家祭り」は、非日常の場における生活者の経験と日常の関係を検討するうえで非常に重要な視点を提供してくれる。インターネットの発達により非日常化である「お祭り」を創り出すことは容易になった。ただし、ネット上での非日常化は一時的なものであり、途切れなく消費される対象でしかなく、生活者が孤独・不安を抱えた状況は変わらない。

ネットとリアルの融合形態としての「吉野家祭り」に対して、富田英典・藤村正之は、ネットやメールが発達した社会におけるリアルな集合／コミュニケーションの形態として、「みんなぼっち」という状況を示している（富田・藤村編 1999）。富田・藤村によれば「みんなぼっち」は「ありのままの自分でいいという思いと、得体の知れない他人とつきあう際の不安との間の葛藤を処理」（富田・藤村編 1999：9）するコミュニケーションであり、距離感をもった人間関係を保ちつつ自己を確立しようとする状況なのである（富田・藤村編 1999）。

〝会話によるコミュニケーションがなくても自然〟というカラオケボックスは快適空間なのである。〝会話のキャッチボールではなく、〝みんな一緒にいる〟という、身体の存在としての相互関係（インタラクション）がいとなまれていれば十分ということになろう。

（富田・藤村編　1999：5）

と富田・藤村は指摘し、希薄な人間関係を象徴する「つかず離れず」の典型例として、カラオケボックスにおけるコミュニケーションを捉えている。

歌い手は歌うという行為そのものが好きであると同時に、孤独・不安を避けるために集まる。「みんなぼっち」の状況下では、集まってコミュニケーションするための手段としてカラオケボックスがあるので、他者が歌い手の歌を聴いていなかったとしても歌い手にとって問題にならない。歌い手の歌はBGMとして機能しながら、生活者がカラオケボックスに集うことにより「つかず離れず」は形成されうる。「吉野家祭り」や「みんなぼっち」など、生活者の集合という観点からの社会現象の事例により、イベントの「受け手」になる生活者にとって、イベントという非日常の場は、日常生活における不安を逃避する場として機能しうるということが導かれるのである。言い換えれば、絶対的他者が不在の社会において、生活者は、非日常の場に参加することによって、持続性を伴う「自己認識の発展」をなしうるか、という課題が浮上するのである。

(3) ライブ・エンタテインメントにおける「リアル」と「一体感」

ライブ・エンタテインメントは、一つの場・機会で、実際に生活者が交流するという意味で「リアル」な空間と言えよう。加えてその経験は、メディアテクノロジーの発達により、その場にいなくても可能になった。それにもかかわらず、パフォーマンスを現地で体感するために、ライブ・エンタテインメントの会場に足を運ぶ生活者は顕在化している(242)。

W. ベンヤミンは、複製技術が発達する社会において、その場・その瞬間に現れる現象を「アウラ」と称した。「アウラ」とは、「どんなに近距離にあっても近づくことのできないユニークな現象」(Benjamin 1970=1970: 16) とベンヤミンは定義して、複製技術が進歩すれば進歩するほど「アウラ」が消滅することを指摘している。

> どれほど精巧につくられた複製のばあいでも、それが「いま」「ここに」しかないという芸術作品特有の一回性は、完全に失われてしまっている。しかし、芸術作品が存在するかぎりまぬがれえない作品の歴史は、まさしくこの存在の場と結びついた一回性においてのみかたちづくられてきたのである。(Benjamin 1970=1970: 12)

ベンヤミンの「アウラ」についての指摘は、メディアテクノロジーが発達した現代社会における「リアル」と「アウラ」の関係を捉えるうえでも依然参照される価値を有している。つまり、その場に居合わせていなくても「リアル」な経験をメディアテクノロジーの発達により享受することが可能となった。だが、ライブ・エンタテインメントの多様化という文脈で捉えるならば、映画館でスクリーンを通じてオペラなどを鑑賞する行為に「アウラ」は生成されうるのだろうか。上杉繁と三輪敬之は、テクノロジーの発達による仮想空間における空間共有という概念で、生活者の身体性の関係に焦点をあて、自身と他者の「遠隔でのコミュニケーション」と「同じ場に居合わせるコミュニケーション」において、どこまで前者が後者の役割に近づけるかということを考察した（上杉・三輪 2007）。メディアテクノロジーを活用して、「共通の仮想空間を介した現場の共有」（上杉・三輪 2007：181）という条件で、「遠隔でのコミュニケーション」が「同じ場に居合わせるコミュニケーション」の代替となる可能性を検証した結果、その場所と自身との非分離的なつながりを生じさせる働きの支援する効果は認められたが、現場における集合体の雰囲気・緊張感は、同じ場に居合わせなければ、メディアテクノロジーの発達をもってしても埋められない溝があることが示された。つまり、ライブ・エンタテインメントの現場における「リアル」とは、その場でしか経験できない一回性に立脚したものなのである。つまり、上杉と三輪の研究結果からは、メディアテクノロジーの発達により、生活者がライブ・エンタテインメントに参加する機会は増加するが、その場に参加しなければ、「アウラ」を伴った「リアル」を経験することはできないことを示している。

しかしながら、メディアテクノロジーの発達により、ライブ・エンタテインメントの機会において、たとえ演者と観衆（オーディエンス）が離れていても、観衆同士は同じ場に居合わせることは可能なのである。つまり、演者と観衆による「アウラ」は生成されないが、ライブ・エンタテインメントの擬似会場で観衆同士による「アウラ」を伴った「リアル」が生成されうるのである。

ライブ・エンタテインメントの場の特徴である「リアルな場での生活者による交流」という観点から、音楽イベントの分野において、さまざまな研究がなされている（南田 2001；西田 2007；宮入 2008；永井 2008；木本 2009）。多くは、現場での雰囲気と生活者の相互作用という論点では共通している。その中で小川博司は、「ノリ」の構造を言葉と身体性から捉え[243]、「受け手」におけるノリと一体感の関係を考察した（小川 2005）。小川によれば、ライブ・エンタテインメントの場で「受け手」はノリを媒介とした会場での「一体感」を欲している。そして、「受け手」がコンサート会場でノリを求める時、すべての「受け手」がノリを求めない限り、会場で「一体感」という体験はできないのである。自然にノリが発生するのではなく、生活者がノリを目的としてライブ・エンタテインメントに参加する「受け手」像、言い換えれば非日常を求める「受け手」像が浮かび上がってくるのである(244)。

「リアル」・「一体感」を希求する生活者の需要に反応し、ライブ・エンタテインメントが「創り手」によって創り出される(245)。メディアテクノロジーの発展によりライブ・エンタテインメントは多様化した。「創り手」から提供された場を「受け手」はいかに受容しうるか。

おわりに

本書は、２０２０年3月に提出した博士学位申請論文をもとにして、２０１7年刊行された『ライブ・エンタテインメントの社会学：イベントにおける『受け手（participant）のリアリティ』の増訂版として編集されたものである。

広告代理店で営業職に12年従事しているうちに浮上した問いである「社会の幸福に資する広告コミュニケーションとは何か」という課題の探究の過程で、イベントにその可能性を見出し、社会理論ならびに事例を検討し、フィールド調査を積極的におこなった。その結果、論文化、学会・研究会での発表などから一定の成果をもとに書籍化に至った。

とはいえ、特にイベントを提供する側の観点が不十分であったことに加えて、より多くの事例について、イベントへの参加が日常生活の活性化や質の向上をもたらすといった場合の、その具体的な機制を明らかにすること、さらにはメディア環境の急激な変化の中で、物理的なある空間内に一定時間、人びとが共在する形態のイベントの再考する必要が課題として残っていた。研究を進めて２０２０年3月に博士学位申請論文を提出した。

２０２０年に入って新型コロナウイルスの蔓延から、ひととひとの間隔をあけたフィジカルディスタンスが新しい生活形態として世界的に取り入れられた。その中で、リアルの場にひとが集まって成立するイベントが苦境に立たされていることは読者も周知であろう。本書がウィズコロナ、アフターコロナにおけるイベントの活性化に一助になることを願う。

なにより本書を刊行するにあたり、研究・実業に携わる多くの方々のサポートがなければなし得なかった。会社員から研究の世界への転身に対して背中を押していただいた大学時代の恩師津金澤聰廣先生をはじめ、著者に様々なアドバイスをいただいた各研究機関の先生方にこの場を借りてあらためて感謝を申し上げたい。また研究を推進するに際して、ご協力をいただいた会社員時代から縁を紡いでいただいた方々をはじめ、多くのインフォーマント、そして何より、妻リサならびにこの世に授かった長男拓海、長女璃海の存在にあらためて心の底から感謝する。

２０２1年3月

中川和亮

〈初出一覧〉

序章　ライブ・エンタテインメントの定義とその研究方法をめぐって

・２０１２年「ライブ・エンタテインメントの可能性―媒体としての考察」『広告科学』、５５、５６合併号：３８－４７.

・２０１８年「ライブ・エンタテインメントとリレーションシップ・マーケティング」岡山武史編『リレーションシップ・マーケティング』五絃舎、１０１－１６.

・（近刊）「イベントにおける広告主：三者間市場の視座からの検討」『ソシオロゴス』４４号

１章　ライブ・エンタテインメントにおける「受け手」と「創り手」

・２０１７年「イベント研究の方法論的検討：非日常経験と日常生活の連続性に注目して」『ソシオロゴス』４１号：８１－９４.

２章　ライブ・エンタテインメントの具体的分析

・２０１２年『ライブ・エンタテインメントの事例研究―広報媒体としての考察』公益社団法人吉田秀雄記念事業財団２０１１年度（第４５次）助成研究.

付論

・２０２０年「ＳＥＫＡＩ ＮＯ ＯＷＡＲＩの楽曲からの一考察」鈴木利章編『現代社会を生きるキーワード３』大阪公立大学共同出版会、１５－１９.

演劇）

事　例	場の構成	「受け手」の形態	参加した体験が日常につながる可能性／不可能性
蛮幽鬼	「創り手」と「受け手」の役割が明確。「創り手」は商業ベースの劇団，「受け手」はオーディエンス（観客）。	商業化，メディア化に対応した劇団経営のため，セット・出演者の豪華さなど演劇の表層的な要素に魅力を見出す「受け手」が顕在化。	「余韻」という「意味のある経験」の機会。
ロベルタの操縦	「創り手」と「受け手」の役割が明確。「創り手」は商業ベースの劇団，「受け手」はオーディエンス（観客）	それぞれの能力で演劇を解釈する「受け手」が顕在化。	演劇の場で解釈能力を「身につく」機会となりえる。

祭り）

事　例	場の構成	「受け手」の形態	参加した体験が日常につながる可能性／不可能性
YOSAKOI ソーラン祭り	経済活動の一環として参加する「創り手」とそうでないものが混在し，「受け手」に関しては演舞者とオーディエンス（観客）。	「受け手」において，演舞者は，「連帯意識」を醸成し，日常の成果を確認する機会であるが，オーディエンス（観衆）には「連帯意識」は見受けられない。	演舞者にとっては，日常の延長にライブ・エンタテインメントが存在すると，同時に，日常につなげていく契機。観衆には，日常とのつながりは見受けられない。
天神祭	地域のある／ない「受け手」，地域住民，神社など経済活動としてではなく参加する「創り手」とそうでないものとが混在。	地縁のない「受け手」は「快楽」に立脚した参加。地縁のある「受け手」にとっては日常の一環。	地縁のない「受け手」にとっては，「快楽(pleasure)」に立脚した機会である。地縁のある「受け手」にとっては日常と循環しうる。
生魂祭	経済活動として参加する「創り手」が存在しないライブ・エンタテインメント。	担ぎ手の関係者や地縁のない「受け手」。	「受け手」(担ぎ手) は，「連帯意識」を醸成し，日常と循環。

図表 1

スポーツ）

事　例	場の構成	「受け手」の形態	参加した体験が日常につながる可能性／不可能性
ソニー生命カップ・レディス・テニス大会	「創り手」と「受け手」の役割が明確。「創り手」はメディア・広告会社スポンサー企業など，「受け手」は競技参加者とオーディエンス（観客）。	「受け手」にとっては,「創り手」が提供する余暇・自由時間に能動的に参加しうる契機となる。	テニスという行為が日常に組み込まれるための契機。
サーフィン競技会	経済活動としてではなく参加した「創り手」が存在しないライブ・エンタテインメント。	「受け手」（競技参加者）は，普段のサーフィンを確かめる「自己認識の発展」の場。	「受け手」(競技参加者)にとって「身につく」機会になりうる。

音楽）

事　例	場の構成	「参加者」の形態	参加した体験が日常につながる可能性／不可能性
サマーソニック	「創り手」と「受け手」の役割が明確。「創り手」はイベント会社やスポンサー企業など，「受け手」はオーディエンス（観客）。	「受け手」にとっては日常からの「発散」あるいは日常への「充電」。	「受け手」にとっては日常生活への「充電」，あるいは日常生活の「発散」の機会になる「意味のある経験」。
ミート・ザ・ワールド・ビート	「創り手」と「受け手」の役割が明確。「創り手」は放送局とスポンサー企業など，「受け手」はオーディエンス(観客)。	メディアが深く関与しているため，メディアの言説を受容して参加する受動的な「受け手」が存在。	「受け手」にとっては，「意味のある経験」になりうるが，日常とのつながりは見受けられない。
高槻ジャズストリート	経済活動の一環として参加する「創り手」とそうでないものとが混在するライブ・エンタテインメント。	「受け手」は「連帯意識」を醸成し，「創り手」へと変容可能。	「思い」に賛同することにより「連帯意識」を醸成し日常生活につながる。

経済活動の一環として参加する「創り手」が存在しないライブ・エンタテインメントの事例

事例	「受け手」の能動性	「身につく」機会	イベントの社会的意義
サーフィン競技会	○	○	「楽しさ (enjoyment)」を確認し，日常でさらなる「楽しさ (enjoyment)」を醸成するための契機として機能。
高槻ジャズストリート	○	○	地縁のある「受け手」が「創り手」になることで「連帯意識」を醸成し，地域活性化の契機となる。地縁のない「受け手」にとっても「身につく」機会になりうる。
生魂祭	○	○	地縁のある「受け手」が担ぎ手になることで，「連帯意識」を醸成しうる機会となる。

図表２

「受け手」と「創り手」の役割が明確に分かれている事例

事例	「受け手」の能動性	「身につく」機会	イベントの社会的意義
ソニー生命カップ・レディス・テニス大会	○	○	「受け手」（競技参加者）にとっては余暇・自由時間において「身につく」機会を醸成する契機として機能。
サマーソニック	○	×	「受け手」にとって国内・国外アーティストに触れることができる機会。「受け手」にとって，日常生活からの「発散」あるいは日常生活への「充電」の機会として機能。
ミート・ザ・ワールド・ビート	○	×	無料で「受け手」はライブ・エンタテインメントを体験できる機会。
蛮幽鬼	○	×	「受け手」にとっては演劇の非日常性を体感できる機会だが，身に付く機会ではない。
ロベルタの操縦	○	○	演劇を自由に解釈するという「楽しさ (enjoyment)」から，日常につながっていく機会。
YOSAKOI ソーラン祭り	○	△	「受け手」は演舞者とオーディエンス。演舞者にとっては，日常で「連帯意識」を醸成する契機となると同時に，地域活性化に資するイベント。 一方オーディエンス（特に地域住民はイベントの経済的拡大化に否定的な側面が顕在化
天神祭	○	△	中心的立場である大阪天満宮の「創り手」は天神祭りを聖の領域を体感できる機会と捉えている。一方オーディエンスにとっては，産業化・メディア化（mediated）された表層的な要素に依拠した参加。

演劇についてお聞きします。)

9・日常生活において，今日に至るまで，何度今日のことを思い出しましたか
1) 3回以上
2) 2回
3) 1回
4) 一度も意識しなかった

10・観に行く演劇の選択基準として，優先することは次のうちどれですか。
1) 演者
2) 劇団
3) 演出家
4) 脚本家
5) 演劇の内容

11・演劇の魅力をお聞かせください。(自由回答)

以上

質問紙調査資料

休日の実態について

1・普段休日はどちらに近いですか
　1）休日は定期的にとれている　2）休日は不定期である

2・週のうち何日休日はありますか
　1）1日　2）　2日　3）3日以上　4）1日より少ない

3・普段休日の過ごし方はどちらに近いですか
　1）自由時間は人並み以上にとれているほうだ　2）自由時間はあまりない

4・普段の休日の過ごし方は，次のどちらに近いですか
　1）できるだけのんびり過ごし，休養をとるようにしている
　2）趣味などをし，できるだけ余暇を楽しむようにしている

5・普段の休日の過ごし方で，どちらを意識していますか
　1）日常のストレス発散
　2）自分の今後のための充電

6・休日の趣味として4つのうち最も好きなのはどれですか
　1）スポーツなど運動系を「観る」 2）スポーツなど運動系を「する」
　3）芸術など文化系趣味を「創作」 4）芸術など文化系趣味を「鑑賞」

7･テレビ，ラジオなどの情報によって自分に関心のある（音楽，スポーツなど）イベントがあると，
　1）「無料」のイベントを探して行く　2）興味のある分野で納得のいく料金なら行く
　3）興味のある分野なら高くても行く

8・普段平日においての過ごし方はどちらに近いですか
　1）自分の趣味について考える時間はある
　2）あまり趣味について考える時間はない

（演劇）

事　例	インフォーマント番号	実施日	プロファイル
蛮幽鬼	31	2009年11月24日	40歳代男性
	32	2009年11月24日	40歳代女性
	33	2009年11月24日	40歳代女性
	34	2009年11月24日	40歳代男性
ロベルタの操縦	35	2011年9月22日	30歳代女性
	36	2011年9月22日	20歳代女性
	37	2011年9月22日	30歳代男性
	38	2011年9月22日	30歳代男性
	39	2011年9月22日	40歳代男性
	40	2011年9月22日	20歳代女性
	41	2011年9月22日	40歳代男性
	42	2013年10月29日	40歳代。劇団関係者。
扇町ミュージアムスクエア	43	2009年11月16日	大阪ミュージアムスクエアの運営に携わっていた40歳代男性。

（祭り）

事　例	インフォーマント番号	実施日	プロファイル
YOSAKOIソーラン祭り	44	2011年6月9日	地域住民
	45	2011年6月9日	地域住民
	46	2011年6月9日	50歳代男性。映像関係者。
	47	2011年6月9日	50歳代TV局関係者。
	48	2011年6月9日	50歳代男性。演舞者。
	49	2011年6月9日	60歳代男性。主催者。
	50	2012年2月10日	30歳代男性。協賛企業担当者。全国でパチンコホール事業展開。
天神祭	51	2013年3月26日	40歳代男性。TV局営業局担当者。
	52	2013年6月24日	30歳代男性。TV局制作局担当者。
	53	2013年3月28日	40歳代男性
	54	2013年7月25日	10歳代男性
	55	2013年10月3日	大阪天満宮関係者
	56	2013年10月3日	大阪天満宮関係者
生魂祭	57	2011年10月24日	40歳代男性
	58	2011年7月11日	30歳代男性
	59	2011年10月24日	生國魂神社関係者

＊プロファイルは聞き取り調査実施時のもの。

インフォーマント一覧

（スポーツ）

事　例	インフォーマント番号	実施日	プロファイル
ソニー生命カップレディステニス大会	1	2013年3月4日	40歳男性
	2	2011年11月18日	ソニー生命保険株式会社広報部A氏
	3	2011年11月18日	ソニー生命保険株式会社広報部B氏
	4	2011年11月18日	60歳代女性
サーフィン競技会	5	2009年10月18日	30歳代男性
	6	2009年10月18日	20歳代男性
	7	2009年10月18日	30歳代男性
	8	2009年10月18日	40歳代男性
	9	2009年11月17日	50歳代男性 サーフショップ経営者。主催者。

（音楽）

事　例	インフォーマント番号	実施日	プロファイル
サマーソニック	10	2009年8月7日	20歳代男性
	11	2009年11月25日	40歳代男性。主催者TV局担当者
	12	2009年12月9日	40歳代男性。イベントプロモート会社担当者。
	13	2009年8月7日	20歳代男性
	14	2009年8月9日	20歳代女性
	15	2009年8月9日	40歳代男性
ミート・ザ・ワールド・ビート	16	2009年11月11日	50歳代男性。主催者。
	17	2011年7月24日	40歳代男性。関係者。
	18	2011年7月24日	40歳代男性。協賛会社。
	19	2011年7月24日	20歳代女性
	20	2011年7月24日	20歳代男性
	21	2011年7月24日	20歳代男性
高槻ジャズストリート	22	2011年5月26日 2018年11月6日	40歳代男性。地元商店街で飲食店を経営する主催者。
	23	2011年5月4日 2019年10月15日	40歳代男性。「受け手」から主催者。
	24	2011年5月3日	30歳代男性。「受け手」から主催者。
	25	2015年5月3日	60歳代女性。ボランティアへの関心から主催者。
	26	2011年5月4日	40歳代男性。地元商店街映画館店主。
	27	2015年5月3日	60歳代男性。地縁のない「受け手」。
	28	2019年5月23日	40歳代男性。協賛ビールメーカー企業担当者。
	29	2014年11月6日	50歳代男性。協賛ラジオ局所属関係者。
	30	2014年11月6日	40歳代男性。協賛ラジオ局所属DJ。

Toynbee, J., 2000, *Making Popular Music: Musicians, Creativity, Institutions*, London: Arnold.（= 2004, 安田昌弘訳『ポピュラー音楽をつくる――ミュージシャン・創造性・制度』みすず書房.）

Turner, V., 1977,"Frame, Flow and Reflection: Ritual and Drama as Public Liminality," Benamou, M. and C.Caramello eds., *Performance in Postmodern Culture*, Milwaukee: Center for Twentieth Century Studies, 33-58.（= 1989, 山田恒人・永田靖訳『ポストモダン文化のパフォーマンス』国文社, 63-102.）

――――, 1995, *The Ritual Process*, Hawthorne: Walter deGruyter Inc.（= 1996, 富倉光男訳『儀礼の過程』新思索社.）

上杉繁・三輪敬之, 2007,「身体性と空間共有コミュニケーション」早稲田大学複雑系高等学術研究所編『身体性・コミュニケーション・こころ』共立出版, 151-216.

氏原正治郎編, 1970,『余暇生活の研究』光生館.

Veblen, T.B., 1899, *The Theory of The Leisure Class : An Economic Study of Institutions*, New York : The Macmillan Company.（= 1998, 高哲男訳『有閑階級の理論』筑摩書房.）

Williams, R., 1976, Keywords: *A Vocabulary of Culture and Society*, London: Harper Collins Publishers Ltd.（= 2002, 椎名美智・武田ちあき・越智博美・松井優子訳『完訳キーワード辞典』平凡社.）

――――, 1981, *Culture*, London: William Collins Sons and Co.Ltd.（= 1985, 小池民男訳『文化とは』晶文社.）

Willis, P.E., 1977,*Learning to Labour: How Working Class Kids Get Working Class Jobs*, farnham: Ashgate publishing.（= 1996, 熊澤誠・山田潤訳『ハマータウンの野郎ども』筑摩書房.）

矢島妙子, 2000,「祝祭の受容と展開――『YOSAKOI ソーラン祭り』」日本生活学会編『生活学第二十四冊　祝祭の一〇〇年』ドメス出版, 148-74.

山田真茂留, 2010,『非日常性の社会学』学文社.

山田昌弘・柚川芳之, 2009,『幸福の方程式――新しい消費のカタチを探る』ディスカバートゥエンティワン.

山口志郎・野川春夫・北村薫・山口泰雄, 2010,「スポーツイベントのスポンサーシップにおけるスポンサーフィットに関する研究」『スポーツマネジメント研究』2(2): 147-161.

柳田國男, [1930]1993,『明治大正史世相篇』講談社.

――――, [1969]2013,『日本の祭り』角川学芸出版.

吉澤弥生, 2011,『芸術は社会を変えるか？―- 文化生産の社会学からの接近』青弓社.

Schopenhauer.A., n.d., Aphorismen zur Lebensweisheit（=1958, 橋本文夫訳『幸福について――人生論』新潮社.）
Schuts, A., 1970, On Phenomenology and Social Relations, Illinois: The University of Chicago Press.（=1980, 森川眞規雄・浜日出夫訳『現象学的社会学』紀伊國屋書店.）
杉座秀親, 2003,「アドルノにおける『余暇』と『非同一性』について」『社会学論叢』146: 59-79.
鈴木謙介, 2005,『カーニヴァル化する社会』講談社.
――――, 2007,『ウェブ社会の思想』日本放送出版協会.
――――, 2010,「ソーシャルメディアは『お友達ツール』の壁を超えるか」『宣伝会議』788: 70-72.
Swingewood, A., 1977, The Myth of Mass Culture, London: The Macmillan Press（＝1982, 稲増龍夫訳『大衆文化の神話』東京創元社.）
高橋豪仁, 2011,『スポーツ応援文化の社会学』世界思想社.
高橋利枝, 2007,「オーディエンス・エンゲージメント――グローバル社会におけるメディアのエスノグラフィー」『応用社会学研究』49: 53-71.
高橋利枝・本田量久・寺島拓幸, 2008,「デジタル・ネイティヴとオーディエンス・エンゲージメントに関する一考察――デジタル・メディアに関する大学生調査より」『応用社会学研究』, 50: 71-92.
高橋雄一郎, 2011,「パフォーマンス」高橋雄一郎・鈴木健編『パフォーマンス研究のキーワード』世界思
高野昇, 2005,「食えない興業――小演劇界の実態」現代風俗研究会編『現代風俗興業』新宿書房.
竹内洋, 2014,『大衆の幻像』中央公論社.
田中双葉, 2006,「ライブマーケティングの展開――クロスメディア・コミュニケーションの今日的意味をふまえた効果的実践」『日経広告研究所報』230: 25-32.
田中直毅・小沢信男・真栄城守定・望月照彦・森毅, 1988,「祭りのあとで」鶴見俊輔・小松和夫編『祭りとイベントのつくりかた』晶文社, 187-232.
坪井善明・長谷川岳, 2002,『YOSAKOI ソーラン祭り』岩波書店.
鶴見俊輔, 1969,「大衆の時代」鶴見俊輔編『大衆の時代』平凡社.
――――, 1976,「民衆娯楽から国民娯楽へ：『権田保之助著作集』（全四巻）」『思想』, 624 : 1012-22.
――――, 1988,「祭りとイベント」鶴見俊輔・小松和夫編『祭りとイベントのつくりかた』晶文社, 13-23.
――――, 2001,『戦後日本の大衆文化史』岩波書店.
Touraine, A., 1978, La voix et le Regard: Sociologie Permanente 1, Paris: Seuil.（＝1983, 梶田孝道訳『声とまなざし――社会運動と社会学』新泉社.）

小熊英二，2009,『1968』新曜社.
大澤真幸，2008,『不可能性の時代』岩波書店.
大沢正道，1994,,『遊戯と労働の弁証法』紀伊國屋書店.
Pine, B.J.and J.H.Gilmore, 1999, *The Experience Economy,* Boston: Harvard Business School Press.（= 2000，電通「経験経済」研究会訳『経験経済　エクスペリエンス・エコノミー』流通科学大学出版.）
Putnam, R.D., 2000, *Bowling Alpne: the Collapse and Revival of American Community,* Washington, D.C.: Sagalyn literary agency.（= 2006, 柴内康文訳『孤独なボウリング——米国コミュニティの崩壊と再生』柏書房.）
ぴあ総合研究所，2005,『ぴあエンタテインメント白書　2005』ぴあ.
————，2009,『ぴあライブ・エンタテインメント白書 2009』ぴあ.
ぴあ編, 2003,『OMS とその時代——柱のある劇場　扇町ミュージアムスクエアの 18 年』ぴあ.
Prahalad, C.K.and V.Ramaswamy, 2004, *The Future of Competition: Co-Creating Unique Value with Customers*, Masssachusetts: Harvard business review press.（= 2013，有賀裕子訳『コ・イノベーション経営——価値共創の未来に向けて』東洋経済新報社.）
ライブ･エンタテインメント調査委員会, 2019,『2019　ライブ･エンタテインメント白書』
Rawls,J., 1999, *A Theory of Justice*, Cambridge: Harvard university press.（ = 2010，川本隆史・福間聡・神島裕子訳『正義論』紀伊國屋書店.）
Riesman, D., 1961, *The Lonely Crowd*, New Heaven :Yale University Press.（=1964，加藤秀俊訳『孤独な群衆』みすず書房.）
Robins, K., 1996, *Into the Image: Culture and Politics in the field of Vision*, New York: Routledge.（= 2003，田畑暁生訳『サイバー・メディア・スタディーズ——映像社会の＜事件＞を読む』フィルムアート社.）
Rojek, K., 2010, *The Labour of Leisure*, London: Sage.
作田啓一，2004,『生成の社会学をめざして』有斐閣.
佐橋由美，2003,「中年期女性の日常余暇場面におけるフロー」今村浩明・浅川希洋志編『フロー理論の展開』世界思想社，214-240.
Sartre, J.P., 1943, *L'être et le néant*, Paris: Gallimard.（= 2008，松浪信三郎訳『存在と無——現象学的存在論の試み』筑摩書房.）
佐藤郁哉，1999,『現代演劇のフィールドワーク』東京大学出版会.
佐藤尚之，2008,『明日の広告』アスキーメディアワークス.
多賀敏行，2004,『「エコノミックアニマル」は褒め言葉だった』新潮社.
関口進，2001,『大衆娯楽と文化』学文社.
嶋根克己，2001,「非日常を生み出す文化装置——日常と非日常の社会学にむけて」嶋根克己・藤村正之編『非日常を生み出す文化装置』北樹出版，16-37.

(=1971，青井和夫・本間康平訳『権力・政治・民衆』みすず書房.
三浦展，2012，『第四の消費――つながりを生み出す社会へ』朝日新聞出版.
宮入恭平，2008，『ライブハウス文化論』青弓社.
――――・佐藤生実，2011，『ライブシーンよ，どこへいく――ライブカルチャーとポピュラー音楽』青弓社.
三宅守編，2007，『三条教則衍義書資料集』明治聖徳記念学会.
宮本結佳，2018，『アートと地域づくりの社会学――直島・大島・越後妻有にみる記憶と創造』昭和堂.
宮本宗治，2008，「イベントの統計」イベント学会編『イベント學のすすめ』ぎょうせい，238-51.
毛利嘉孝，2003，『文化＝政治』月曜社.
村上直之，2011，「ラベリング論への招待」村上直之訳『完訳アウトサイダーズ――ラベリング理論再考』現代人文社，215-35.
Myerhoff, B.G., 1975,"Organization and Ecstasy: Deliberate and Accidental Communitas among Huichol Indians and American Youth", Moore, S.F. and B.G.Myerhoff eds., *Symbol and Politics in Communal Ideology: Cases and Questions*, New York: Cornell university press, 33-67.
永井純一，2008，「なぜロックフェスティバルに集うのか」南田勝也・辻泉編『文化社会学の視座――のめりこむメディア文化とそこにある日常の文化』ミネルヴァ書房，169-192.
――――，2016，『ロックフェスの社会学』ミネルヴァ書房.
Nakamura, J., and M.Csikszentmihalyi, 2002 ,"The Construction of Meaning through Vital Engagement", Keyes, C.L.M. and J.Haidt eds., *Flourishing: Positive Psychology and the Life Well-lived*, Washington.DC: American psychological association, 83-104.
中島道男，1997，『デュルケムの＜制度＞理論』恒星社厚生閣.
並河進，2014，『Communication Shift―-「モノを売る」から「社会をよくする」コミュニケーションへ』羽鳥書店.
難波功士，1998，「広告とイベント」山本武利編『現代広告学を学ぶ人のために』世界思想社，138-157.
NHK 放送文化研究所，2020，『現代日本人の意識構造 [第九版]』NHK 放送出版協会.
西田浩，2007，『ロック・フェスティバル』新潮社.
小川博司，1988，『音楽する社会』勁草書房.
――――，2001，「音楽は非日常を作り出すか――メディア社会における音楽」嶋根克己・藤村正之編『非日常を生み出す文化装置』北樹出版，66-81.
――――，2005，「『ノリ』の誕生――『ノリ』の音楽・社会理論に向けて」三井徹監修『ポピュラー音楽とアカデミズム』音楽之友社，139-160.

小長谷悠紀，2005，「日本におけるサーフィンの受容過程」『立教大学観光学部紀要』7: 1-16.
小泉恭子，2007，『音楽をまとう若者』勁草書房.
國分功一郎，2011，『暇と退屈の倫理学』朝日出版社.
国土庁，1977，『第三次全国総合開発計画』.
小松和彦，1997，「神なき時代の祝祭空間」小松和彦編『祭りとイベント』小学館，5-38.
コノネンコ，A.，2008，「現代社会におけるサーフィン文化の位置づけと潜在能力——サーフィン文化の研究の論理的なフレームワークとその可能性」『東北福祉大学紀要』32: 153-169.
Kubey, R. and M. Csikszentmihalyi, 1990, *Television and the Quarity of Life,* New Jersey: Lawrence Erlbaum Associates Inc. Publishers.
Lang, M. , 2009, *The Load to Woodstock,* London: Harper Collins Publishers.（= 2012，室矢憲治訳『ウッドストックへの道』小学館.）
Lasn, K., 1999, *Culture Jam*, London: Harper Collins Publishers.（= 2006，加藤あきら訳『さよなら，消費社会——カルチャージャマーの挑戦』大月書店.）
Lush, R, F., and S.L.Vargo, 2014, *Service-Dominant Logic: Premises, Perspectives, Possibilities*, Cambridge: Cambridge University Press.（= 2016, 井上崇通監訳『サービス・ドミナント・ロジックの発想と応用』同文館出版.）
リージャパン編，2009，『JEANS，ROCK，FESTIVAL』イージーワーカーズ.
Lehu, J.M., 2007, *Branded Entertainment*, London: Kogan Page Limited.
Luhmann, N., 1997, *Die Gesellschaft der Gesellschaft 1 and 2*, Frankfurt: Suhrkamp Verlag.（= 2009，馬場靖雄・赤堀三郎・菅原謙・高橋徹訳『社会の社会 1&2』法政大学出版局.）
Lyotard, J.F., 1979, *La Condition Postmoderne*, Paris: Les éditions de Minuit.（= 1986，小林康夫訳『ポストモダンの条件』水声社.）
間々田孝夫，2016，『21 世紀の消費——無謀，絶望，そして希望』ミネルヴァ書房.
丸山真男，1961，『日本の思想』岩波書店.
松田義幸，1981，『現代余暇の社会学——第二文化の基礎としてのレジャー』誠文堂新光社.
南博・社会心理研究所，[1965]2012，『大正文化』勁草書房.
南田勝也，2001，『ロックミュージックの社会学』青弓社.
見田宗介，1984，『新版現代日本の精神構造』弘文堂.
McLuhan, M., 1964, New York: McGraw Hill Book Company.（= 1987，栗原裕・河本仲聖訳『メディア論——人間の拡張の諸相』みすず書房.）
Merton, R.K., 1949, Social theory and social structure, New York: The Free Press.（=1961，森東吾・森好夫・金沢実・中島竜太郎訳『社会理論と社会構造』みすず書房.）
Mills, C.W., 1963, *Power Politics and People*, New York: Oxford University Press.

Horkheimer, M. and Th.W. Adorno, 1947, *Dialektik der AufklÄrung:Philosophische Fragmente*, Amsterdam: Querido Verlag.（＝2007，徳永恂訳『啓蒙の弁証法―哲学的断想』岩波書店.）

博報堂生活総合研究所編，1985，『「分衆」の誕生』日本経済新聞社.

Huizinga, J., 1950, *Homo Ludens,* Boston: Beacon Press.（=1973, 高橋英夫訳『ホモ・ルーデンス』中央公論新社.）

藤村正之，1999，「＜みんなぼっち＞の世界」富田英典・藤村正之編『みんなぼっちの世界』恒星社厚生閣，3-14.

————，2008，『＜生＞の社会学』東京大学出版会.

池田紀行，2011，「対策そのもののパラダイムが変わったソーシャル時代のリスク管理のあり方」『宣伝会議』820: 66-69.

今村直樹，2012，『幸福な広告―CM ディレクターから見た広告の未来』羽鳥書店.

井上俊，1977，『遊びの社会学』世界思想社.

石川勝博，2001，「情報社会における能動的受け手像に関する研究——テレビ社会の「利用と満足」研究の視点から」『埼玉学園大学紀要』（人間学部編）創刊号：75-85.

伊藤昌亮，2011，『フラッシュモブズ——儀礼と運動の交わるところ』NTT 出版.

Jackson, S.A. and M. Csikszentmihalyi, 1999, *Flow in Sports*, Illinois: Human Kinetics.（＝2005，今村浩明・川端雅人・張本文昭訳『スポーツを楽しむ——フロー理論からのアプローチ』世界思想社.

Kahneman, D. ,2011, *Thinking, Fast, and Slow*, New York: Brockman.（＝2014，村井章子訳『ファスト and スロー——あなたの意思はどのように決まるか？』早川書房)

樫村愛子，2007，『ネオリベラリズムの精神分析——なぜ伝統や文化が求められるのか』光文社.

加藤秀俊，1984，『余暇の社会学』PHP 研究所.

菊幸一，2003，「スポーツ行動論としてのフロー理論の可能性」今村浩明・浅川希洋志編『フロー理論の展開』世界思想社，81-110.

木本玲一，2009，『グローバリゼーションと音楽文化——日本のラップミュージック』勁草書房.

北村明子, 2009,『だから演劇は面白い！——「好き」をビジネスに変えたプロデューサーの仕事力』小学館.

北谷賢司，2007，『ライブ・エンタテインメント新世紀』ぴあ総研.

Klein, N., 2000, *No Logo*, Toronto: Westwood creative artists, Ltd.（＝2001，松島聖子訳『ブランドなんか，いらない——搾取で巨大化する大企業の非情』はまの出版.

小林勝法・西田亮介・松本秀夫，2012，「新島におけるサーフィンによる観光誘致の経緯」『文教大学国際学部紀要』22（2）：13-23.

小林保彦，2008，「『エンゲージメント』論から日本の広告・マーケティング実存を探る」『青山経営論集』43（1）：67-95.

———, 1990, *Flow The Psychology of Optimal Experience*, New York: Harper Collins Publishers.（= 1996, 今村浩明訳『フロー体験――喜びの現象学』世界思想社.）

———, 1996, *Creativity*, New York: HarperCollins Publishers.

———, 1997, *Finding Flow,* New York: Basic Books.

———, 2003, *Good business*, New York: Penguin Putnam Inc.（= 2008, 大森弘訳『フロー体験とグッドビジネス――仕事と生きがい』世界思想社.）

Dayan, D. and E.Kats, 1992, *Media Events: the Live Broading of History*, Cambridge: Harvard University Press.（= 1996, 浅見克彦訳『メディア・イベント――歴史をつくるメディアセレモニー』青弓社.）

出島二郎, 1997,「地域イベント発・偽祭のパフォーマンス」小松和彦編『祭りとイベント』小学館, 227-56.

Dumazedier, J., 1962, *Vers une civilisation du loisir?*, Paris: Seuil.（= 1972, 中島巖訳『余暇文明へ向かって』東京創元社.）

Durkheim, É., [1895]1960, *Les rélgles de la méthode sociologique*, Paris: Presses Universitaires de France.（= 1978, 宮島喬訳『社会学的方法の規準』岩波書店.）

Ferrand,A., and Pages, M.,1999,"Image Management to sport Organisations: the Creation of Value,"*European Journal of Marketing*, 33(3/4), 387-401.

Ferrand, A and J.L.Chappelet and B.Séguin,2012, Olympic Marketing, New York: Routledge.

Giddens, A., 1991, *Modernity and Self-Identity: Self and Society in the Late Modern Age,* New Jersey: Blackwell Publishing.（= 2005, 秋吉美都・安藤太郎・筒井淳也訳『モダニティと自己アイデンティティ――後期近代における自己と社会』ハーベスト社.）

権田保之助, 1974,『権田保之助著作集第二巻』文和書房.

Gwinner, K.P. and G.Benett, 2008,"The Impact of Brand Cohesiveness and Sport Identification on Brand Fit in a Sponsorship Context,"*Journal of Sports Management and Marketing Research*, 2(1),1-15.

芳賀康浩・井上一郎, 2014,「Social Good キャンペーンの成果に影響を及ぼす要因の検討」『マーケティングジャーナル』34（1）: 35-53.

Hektner, J., J.Schmit and M.Csikszentmihalyi, 2007, *Experience Sample Method: Measuring the Quality of Everyday Life*, London: Sage Publications Ltd.

平田オリザ, 1998,『演劇入門』講談社.

本田由紀, 2009,『教育の職業的意義――若者, 学校, 社会をつなぐ』筑摩書房.

Honneth, A., 2003, *Kampe um Anerkennung: Zur Moralischen Grammatik Sozialer Konflikte*, Frankfurt: Suhrkamp Verlag.（=2014, 山本哲・直江清隆訳『承認をめぐる闘争――社会的コンフリクトの道徳的文法』法政大学出版局.）

〈参考文献〉

阿部潔，2008,『スポーツの魅惑とメディアの誘惑——身体／国家のカルチュラル・スタディーズ』世界思想社.

Adorno,Th.W.,1941, “On popular Music: with the Assistance of George Simpson”, Studies in Philosophy and Social Science 9:17-48（= 2002, 村田公一訳「ポピュラー音楽について——ジョージ・シンプソンの支援を得て」渡辺裕編『アドルノ音楽・メディア論集』平凡社 , 137-207.）

阿久津聡・谷内宏行・金田育子・鷲尾恒平，2012,『ソーシャルエコノミー——和をしかける経済』翔泳社.

天野正子，1996,『「生活者」とはだれか』中央公論社.

————，2012,『現代「生活者」論——つながる力を育てる社会へ』有志舎.

阿南透，1997,「伝統的祭りの変貌と新たな祭りの創造」小松和彦編『祭りとイベント』小学館，67-110.

Anderson, C., 2009, *Free: The Future of a Radical Price*, New York: Hyperion.（= 2009, 高橋則明訳『フリー——＜無料＞からお金を生みだす新戦略』NHK 出版.）

青山貴子，2008,「明治・大正期の映像メディアにおける娯楽と教育」『生涯学習・社会教育学研究』東京大学大学院教育学研究科 33 : 23-34.

新井克弥，2009,『劇場型社会の構造——「お祭り党」という視点』青弓社.

Baudrillard, J., 1970, *La societe de consummation:Ses mythes, ses structures*, Palis: Denoël.（= 1995, 今村仁司・塚原史訳『消費社会の神話と構造』紀伊國屋書店.）

Bauman, 2004, *Identity*, Cambridge: Polity Press Ltd.（= 2007, 伊藤茂訳『アイデンティティ』日本経済評論社.）

Benjamin,W., 1970, *Werke: Band 2*, Frankfurt: Suhrkamp Verlag KG.（= 1970, 高木久雄・高原宏平訳「複製技術時代における芸術作品」佐々木基一編『複製技術時代の芸術——ヴァルター・ベンヤミン著作集 2』晶文社 , 7-59.）

Birrell, S., and Loy, J.W., 1981, “Media Sport”, John, L.W.Jr., K.S.Gerald, and M.D.Barry eds., Sport, *Culture and Society*, Philadelphia: Lea and Febiger.（= 1988, 川口晋一・斉藤為之・チャッチャイ・ゴーマラタット訳「メディア・スポーツ——ホットとクール」粂野豊編訳『スポーツと文化・社会』ベースボールマガジン社，457-475.）

Callois, R., 1958, *Les Jeux Et Les Homes,* Paris: Gallimard.（=1990, 多田道太郎・塚崎幹夫訳『遊びと人間』講談社.）

Csikszentmihalyi, M., 1975, *Beyond Boredom and Anxiety: Experiencing Flow in Work and Play*, San Francisco: Jossey-Bass Inc.Publishers.（= 2000, 今村浩明訳『楽しみの社会学』新思索社.）

(243)　①その場の音楽への参加のあり方・巻き込まれ方，②種類，③統合された身体感覚に類型化。

(244)　サッカーのワールドカップのテレビ中継を自宅ではなく，わざわざ飲食店やサッカースタジアムなどに，「応援する」という一つの目的のために集まる生活者もいる。出場する選手は目の前には現実にはいないにも関わらず，選手が試合をしている会場の「擬似空間」において，生活者は「応援」というひとつの目的を共有する。その過程で，まわりと同じ時間を共有して一体感を実感できることが大きな要因となっていることが窺える。

(245)　昨今の野外音楽イベントブームは，演奏・演奏者との一回性に加えて，野外の解放感やお祭り的な雰囲気を求める生活者の増加に「創り手」が呼応している現象と言えよう。

ある。

(235)　新聞検索サイト『聞蔵』によれば，「自分探し」は1989年に初出。

(236)　リオタールによれば，「ポストモダン」において，資本主義の繁栄とテクノロジーの飛躍をきっかけに人間として主体の解放や富の発展などに依拠する生活者を啓蒙する「大きな物語」が信憑性を失った（Lyotard 1979= 1986）。自己がさまざまな関係や状況で成り立っているので，「ポストモダン」においては「脱正当化」（Lyotard 1979= 1986: 98）という自己の多様化に対応する必要があることを示唆している。

(237)　中島道男は常軌を逸した個人化をエゴイズムとして捉え，1970年代後半以降の日本にそのエゴイズムが蔓延していることを指摘したうえで，集合を捉えている(中島 1997)。中島によれば，生活者は情報化の進展により，個々人の欲求に従って行動する一方，どこかで人と同じであろうとする連他性を求めるのである（中島 1997)。しかし生活者の行動が記号化し，「意味の空洞化」（中島 1997: 212）を招き，自分の行動に本質的な意味を見つけることができないのである。つまり，差異化という共有意識を規範としてなりえた時代であったと言えよう。

(238)　Z.. バウマンによれば，インターネットが発達した社会では，生活者は メッセージを送りあうという接触に安心感を得て，現実の世界での接触（コミュニケーション）から生じる不愉快な感情を避けることが可能となった（Bauman 2004=2007)。

(239)　鈴木に従えば，その場に応じた一瞬の盛り上がりと本来の自分ではないという冷めた状態が共存するのが特徴である（鈴木 2005)。鈴木の議論は，E. イヨネスコの議論を踏まえた作田啓一による，自己を対象と一体となって融合する溶解体験が生命の高揚や緊張の原初形態であるが，（溶解体験から生活者は目が覚めるので）繰り返さないと忘れられていくという議論に符合している（作田 2001)。

(240)　J. サルトルは「対自一即自」という観点から自己を捉え議論した（Sartre 1943= 2008)。サルトルによれば，（自己が無である存在としての）対自から（存在としてある）即自になるには，「遊戯活動」（Sartre 1943=2008: 376）が有効である。なぜなら遊戯する場での自己は行為そのものが自己の存在になれ，遊戯活動に伴う同時性の体験は孤独な状態では獲得できないからである。「吉野家祭り」は多様な自己による不安を避けるサルトルのいう遊戯活動の典型と言える。

(241)　ギデンズは実存的孤独という語で，現代社会の特徴として個人の無意味感を捉えている。ギデンズによれば，実存的孤独とは，ある個人が他者から分離させられているのではなく，満ち足りた生活を過ごすのに必要とされる道徳の規準が見出せない状態なのである（Giddens 1991=2005)。

(242)　2010年11月13日付「日本経済新聞」では，「音楽を伝えるメディアがCDから配信へ，テレビ放送からネット動画へと移行する中で，原初的なライブの求心力が高まっているのは確かだ」と，現代の発達したメディアテクノロジーの中で，逆に生活者が「ライブ」を求めている状況を指摘している。たとえば，演劇などでもテレビで放送があるにも関わらず，あえて会場に足を運んで，ライブの感覚を感じる生活者がいる。お金と手間の問題だけで捉えるなら全く説明つかない行動と言えよう。

index)。

(217)　「創り手」としてかかわっているテレビ局営業担当者に2013年3月26日聞き取り実施。(インフォーマント51)

(218)　「創り手」としてかかわっているテレビ局制作局プロデューサーに，2013年6月24日聞き取り実施。(インフォーマント52)

(219)　大阪の経営者の会の会員で，会として毎年天神祭に寄付をし，船に乗る機会や船を岸につけた席で参加する機会など毎年天神祭と関わっている40代男性インフォーマントに2013年3月28日聞き取り実施。(インフォーマント53)

(220)　10代後半の男子学生に2013年7月25日天神祭当日聞き取り実施。(インフォーマント54)

(221)　2013年10月3日大阪天満宮近傍にて大阪天満宮関係者A氏から聞き取り。(インフォーマント55)

(222)　2013年10月3日大阪天満宮関係者B氏から聞き取り。(インフォーマント56)

(223)　たとえばTV局はテレビ番組制作に関わっていて，番組の協賛の他に祭り会場でうちわを配る際，うちわに広告主の掲載等のサービスもおこなっている。

(224)　『日本民族大辞典（第1版)』によれば，「祭礼の神幸に際してさまざまな趣向を凝らし，行列をなして，しずしずと歩くこと」である。インフォーマントによれば，生國魂祭においては生魂神社から大阪城まで神輿をトラックに載せて，ブレーキを踏むことなく到達することである。

(225)　2011年10月24日40代男性の神輿担ぎ手に聞き取った。(インフォーマント57)

(226)　インフォーマント57によれば，専門で神輿を担ぐことを職業にしている人たち。

(227)　インフォーマント57

(228)　2011年7月11日生國魂祭当日，神輿担ぎ手の30代男性に聞き取った。(インフォーマント58)

(229)　2011年10月24日生魂神社関係者に聞き取った。(インフォーマント59)

(230)　インフォーマント59

(231)　インフォーマント59

(232)　小松によれば，「ハレという概念は，民俗学がかつて国民の大多数を占めていた農民などの常民の文化を理解するためのキーワードの一つにしたもので，日常の生活（ケの生活）に対して，特別な日の特別な着物や食べ物，作法や行為，気分あるいは意識などを意味する」(小松 1997: 6）のである。

(233)　インフォーマント59

(234)　これまでも，生活満足度が必ずしも人類の幸福には結び付かないということを指摘している議論は様々な文脈で取り上げられている。たとえば，ノーベル経済学賞を受賞したD.Kahnemanは人間の錯覚という観点から，収入に比例して幸福度が比例しないことを結論づけた（Kahneman 2011= 2014)。Kahnemanによれば，ある時点に達すると，それ以降は収入の上昇と人びとの幸福度＝精神的な充足度は比例しないので

html)。

(199)　札幌二条市場界隈の中華料理店にて，店主に 2011 年 6 月 9 日聞き取った。(インフォーマント 44)

(200)　札幌二条市場界隈のコーヒーショップの店主に 2011 年 6 月 9 日聞き取った。(インフォーマント 45)

(201)　札幌市内にて，映像会社の株式会社スクランブル代表取締役羽二生潤氏に 2011 年 6 月 9 日聞き取った。ちなみに株式会社スクランブルは，テレビ局から YOSAKOI ソーラン祭りの映像制作の仕事を請け負っている。(インフォーマント 46)

(202)　インフォーマント 46

(203)　インフォーマント 46

(204)　学生イベントとして始まり，学生としては放送局の後ろだてが協賛を募るにあたって必要であった。札幌テレビとしては，地域活性化ということで興味をもち，イベントをサポートする意味合いで賛同した。第 8 回目から各放送局が参入し，第 9 回目から幹事会社制を敷く。

(205)　映像関係の「創り手」に 2011 年 6 月 9 日聞き取った。(インフォーマント 47)

(206)　「YOSAKOI おどるのかい？大地」の 50 代男性の方へ 2011 年 6 月 9 日聞き取った。ちなみに参加回数は 14 回目である。(インフォーマント 48)

(207)　インフォーマント 46。坪井・長谷川によれば，イベント発起人である主催者が北海道内の各地域に出向き，YOSAKOI ソーラン祭りの説明会を開催するなどして多くの参加者を募る行動をしている（坪井・長谷川 2002)。

(208)　インフォーマント 48. 矢島によれば，演舞への出演団体にはさまざまな方針があり方針の違いから離脱することも顕在化している（矢島 2000)。

(209)　主催者に 2011 年 6 月 1 日聞き取った。(インフォーマント 49)

(210)　インフォーマント 49

(211)　インフォーマント 49

(212)　インフォーマント 49

(213)　2011 年のオフィシャルスポンサーとして，日本航空，サッポロビール，東洋水産，コカコーラなどナショナルブランドが協賛している。

(214)　インフォーマント 49

(215)　全国にパチンコホールを展開している協賛企業担当者に 2012 年 2 月 10 日聞き取った。2010 年度から協賛している。(インフォーマント 50)

(216)　宗教・経済・社交上の目的を達成するために組まれた結衆集団のことである。平安時代には法華経を購読供養する「法華八講」がさかんに行われたが，やがて一般化して自然崇拝にもとづく山神講・龍神講，神社の氏神講・宮座講，経済的な理由から頼母子講，職人達のふいご講などさまざまな結衆集団が生まれた。江戸時代に入り，ますます各地で講が盛んに結成され，大阪天満宮を崇敬し，奉仕するために天神講・丑日講・万人講・菅人講・音楽講・神酒講・御供講などたくさんの講がつくられた（天神祭総合情報サイト 2013 年 8 月 1 日取得，http://www.tenjinmatsuri.com/other/

する必要性を指摘している（北村 2009）。
インフォーマント 43 への聞き取りの中でも，「テレビ局の方や代理店（広告会社）の方とかがお芝居を見にきて，こいつ面白いからこいつにドラマやらせてみようとか，映画やらせてみようとか，こいつは役者として面白いからテレビ出してみようとか」と語り，演者をメディアに露出することなども含め，演劇が完全にシステム化されている点を指摘していて，演劇のシステム化によりインフォーマントが感じる本来の演劇の魅力が損なわれる懸念があることが示されている。

(188)　もともと期間限定で劇団四季のミュージカル専用の MBS 劇場が，2006 年 4 月よりイオン化粧品が協賛して，シアタ BRAVA としてリニューアルオープンした。

(189)　インフォーマント 43

(190)　大阪において，演劇を表現する場の減少からカフェを演劇の場として活用する動きがある。2012 年 5 月 29 日付「毎日新聞」によれば，扇町ミュージアムスクエアや近鉄劇場など小劇場の閉館に伴い，演劇を育てるという視点で運営している劇場が乏しい状況のなかリーズナブルに借りることができるカフェが注目されるようになった。演劇を見てそのまま語りあう場としてカフェが機能するのである。

(191)　インフォーマント 43

(192)　佐藤は，「欧米の多くの国では舞台芸術が市場からの収入と公的助成ないし民間助成などによって経済的に自立できるだけの制度的基礎をある程度的基礎をある程度固めており，また，舞台俳優や演出家であることが一種のステータスとなっていた」（佐藤 1999: 421）と，日本と欧米での舞台芸術の環境の違いを指摘している。

(193)　北村は，公演ごとにスポンサーをつけるデメリットを指摘している。その理由として，公演によってついたりつかなかったりで，入場料が変わるのであれば，「受け手」に不信感を持たれることを指摘している（北村 2009）。

(194)　特に 90 年代後半に入り，東京に一極集中していた小劇場を中心に活動していた演劇シーンに変化が生じた。関西を拠点として活動していた劇団から新しい劇作家が台頭し，演劇界を驚かせたのである（2013 年 3 月 26 日取得，http://performingarts.jp/J/overview_art/1005_06/2.html）。

(195)　2012 年 6 月 29 日付「毎日新聞」によれば，劇場法が成立し，劇場が単なる貸し出すところから，公演を制作する機関として機能するようになった。たとえば大阪において，小劇団の発信の場として一心寺シアター倶楽などが創設されている（2013 年 3 月 28 日取得，http://www.officeb1.net/kura/theater.html）。

(196)　2013 年 3 月 28 日取得，http://performingarts.jp/J/overview_art/1005_06/2.html 参照。

(197)　吉川弘文館『民俗小事典神事と芸能』によれば，よさこい祭りでは鳴子という木製楽器を両手に持って鳴らしながら踊るよさこい鳴子踊りが行われ，振付や衣装も自由で約 20, 000 人の踊り子が参加し，オーディエンスも 1, 000, 000 人以上が集まる。

(198)　YOSAKOI ソーラン祭り公式公式サイト参照
（2020 年 3 月 21 日取得，https://www.yosakoi-soran.jp/news/28th_kaisaikekka.

と rise 演劇祭が開催された。全国の 203 劇団から 7 劇団が選抜され，優勝したのがヨーロッパ企画である。

(166)　2013 年 3 月 28 日取得，http://www.europe-kikaku.com/shop/

(167)　大阪梅田のサンケイホールブリーゼで後援 FM802，協力毎日放送というメディアのバックアップのもと 2011 年 9 月 22 日～ 24 日公演があった。ちなみにチケット料金は一般 4，000 円，学生が 3，500 円 であった。

(168)　計 18 名のインフォーマントに質問紙調査（別紙巻末）を実施。そのうち 7 名により質問項目以上の自由な対話がおこなわれた。

(169)　30 代女性（インフォーマント 35）

(170)　20 代女性（インフォーマント 36）

(171)　30 代男性（インフォーマント 37）

(172)　20 代女性（インフォーマント 38）

(173)　30 代男性（インフォーマント 39）

(174)　40 代男性（インフォーマント 40）

(175)　40 代男性（インフォーマント 41）

(176)　インフォーマント 40

(177)　インフォーマント 41。 2013 年 3 月 25 日付「毎日新聞」によれば生活者が泣くことを欲していて，泣くためのイベントや泣けると評判の映画などが人気となっている社会会現象があるなかで，このインフォーマントは全く逆のことに魅力を感じている。

(178)　後日（2013 年 10 月 29 日），ヨーロッパ企画事務所にて，ヨーロッパ企画／株式会社オポス代表取締役吉田和睦氏に聞き取りをおこなった（インフォーマント 42)。

(179)　『OMS とその時代』（ぴあ編 2003）参照

(180)　扇町ミュージアムスクエアオープン当初から「南河内万歳一座」と「劇団☆新感線」が使用した。

(181)　南河内万歳一座の座長

(182)　劇団☆新感線の座長

(183)　内藤裕敬の発言

(184)　いのうえひでのりの発言

(185)　関西から始まったシステムとして，「情宣（ジョウセン)」がある。情宣とは，劇団を主宰する演出家とかが各媒体社を宣伝目的でまわることである。そこで劇団と媒体社との関係性が築かれたのだが，演劇の内容を広く生活者に知らせることは，資金力に乏しく発信力が弱い「創り手」にとっては大きな存在である。

(186)　大阪ミュージアムスクエアの運営に携わっていた「創り手」に 2009 年 11 月 16 日大阪市内にて聞き取り調査実施。(インフォーマント 43)

(187)　インフォーマント 43。 北村明子は，小劇場系劇団がお金に関して「どんぶり勘定」になりがちな点をあげ，商業ベースに乗せるための「どんぶり勘定」体質を改善

調査をした際，企業協賛が企業の都合により左右されうる懸念が示された。

(149)　インフォーマント 28

(150)　インフォーマント 23 に 2019 年 10 月 15 日聞き取り実施。

(151)　2014年11月6日にB社にて編成部長(当時)より聞き取り実施。(以下インフォーマント 29)

(152)　インフォーマント 29

(153)　インフォーマント 29

(154)　インフォーマント 22 より 2018 年 11 月 6 日聞き取り実施。

(155)　2014 年 11 月 6 日 B 社にて所属 DJ より聞き取り実施。(インフォーマント 30)

(156)　佐藤は，日本の芸術全般に関して，次のように指摘している。「日本の場合における芸術の非日常性は，祝祭の時の胸がわくわくするような感動や浮き立った気分あるいは逆に儀式の時のような荘厳な雰囲気にふれたくて自分からすすんで求めていくものではない。どこかわざとらしくてよそよそしい，息苦しささえある押しつけの非日常なのである」(佐藤 1999: 5-6)。佐藤に従うならば，日本において芸術は，日常とかけ離れた非日常性を帯びたものであり，日常にフィードバックできないものとして受容されてきた傾向がある。つまり，演劇における非日常経験は，日常とかけ離れた経験であり，決して「身につく」機会ではない。一方，平田オリザによれば，演劇の役割は，「見えている世界をありのままに記述すること」(平田 1998: 39) なのである。平田は，その方法として，「ふだんの日常生活のなかでは見ることのできない精神の振幅を描く」(平田 1998: 44) ことであるとし，物質的ではなく人間の精神に働きかけることを演劇の 特徴として示している。

(157)　ターナーは演劇の儀礼としての機能に着目している(Turner 1974=1981)。ターナーによれば儀礼が社会システムとして機能しているのと同様の役割を演劇が果たしているという。「創り手」である演出家ならびに役者と，「受け手」であるオーディエンスの間には役割があり，演出家が意図しているメッセージを役者が伝えることで，「受け手」はそれを受容し，非日常の演劇の場から日常生活へと戻っていくのである。

(158)　劇団☆新感線のホームページ参照。(2013 年 3 月 28 日取得，http://www.vi-shinkansen.co.jp/)

(159)　梅田芸術劇場にて 2009 年 11 月 24 日実施。サンプルは，演劇リピーターの男女とした。

(160)　40 代男性（インフォーマント 31）

(161)　40 代女性（インフォーマント 32）

(162)　20 代女性（インフォーマント 33）

(163)　40 代男性（インフォーマント 34）

(164)　2013 年 3 月 28 日取得，http://www.europe-kikaku.com/

(165)　2001 年 7 月に大阪梅田で吉本興業が梅田花月を 300 人程度の収容人員にして，小劇場演劇の劇団向けのよしもと rise-1 シアターに変えた。2002 年 9 月 24 日付「朝日新聞」によれば，2002 年 10 月 4 日から 2 か月弱の期間に吉本興業主催でよしも

(132)　40代男性で自営業者。過去2回はオーディエンス（受け手）として参加。彼によれば，実行委員会は参加の頻度は問わないし，脱会も自由で，前年の冬あたりから毎週日曜日15時から2,3時間の会議が開かれる。2011年5月4日聞き取り実施。（以下インフォーマント23）

(133)　2015年5月3日に聞き取り実施。インフォーマントは地元市民30歳代男性で実行委員会の一員として運営側として参加。（インフォーマント24）

(134)　実地で聞き取り調査している中で，周辺の大学のボランティアサークルや授業／研究の一環としてボランティアとして参加している大学生が一定数参加している事実がわかった。

(135)　2015年5月3日阪急高槻駅前にて，パンフレットを配布していたボランティアスタッフ60歳代女性に聞き取り。（インフォーマント25）

(136)　40代男性で，高槻駅近傍の映画館店主。2011年5月4日聞き取り実施。（インフォーマント26）

(137)　2015年5月3日イベント当日近傍飲食店にて60歳代男性に聞き取り実施。（インフォーマント27）

(138)　企業協賛というより多くは寄付という形態であることが，インフォーマント22への聞き取りにより確認できた。

(139)　インフォーマント22

(140)　インフォーマント22

(141)　インフォーマント22より2018年11月6日聞き取り実施。

(142)　インフォーマント22より2011年5月26日聞き取り実施。同様に某金融会社から大口協賛の打診があったが運営上問題が生じる可能性があり協賛を断った。

(143)　1987年11月11日から3日間下町ライブ計画実行委員会と毎日新聞主催でおこなわれた第2回下町シンポジウム「祭りのつくりかた」における「創り手」（広告代理店の営業）の「評価は即予算に直結し，売上げに影響する。（中略）クライアントが満足すれば，すべてが万事まるくおさまる」（田中ほか 1988: 227）との発言や，2009年10月16日音楽CS放送局スペースシャワーTV関西事業所所長山中幹司氏への聞き取りにて，「創り手」としてのイベントの達成感について確認したところ，「営業サイドとしては，観客が満足することよりも正直な話どれだけチケットが売れるかが関心」との発言などからも，イベントの「創り手」としても営利企業である以上，売上を優先する側 面があるこが示されている。

(144)　2011年5月26日インフォーマント22への聞き取りから，少額の協賛は主催者が各方面に依頼のうえ成り立っている実情が確認できた。

(145)　インフォーマント22より2018年11月6日聞き取り実施。

(146)　A社イベント関係者より2019年5月23日聞き取り実施。（以下インフォーマント28）

(147)　インフォーマント28

(148)　たとえば先述のMEET THE WORLD BEATの事例において，主催者に聞き取り

摘している。

(113)　インフォーマント 13

(114)　インフォーマント 10

(115)　インフォーマント 13

(116)　インフォーマント 15

(117)　2009 年 11 月 11 日 FM802 本社にて，事業開発部担当者に聞き取った。(インフォーマント 16)

(118)　Corporate Identity の略。2013 年版『現代用語の基礎知識』によれば，会社のシンボルマークやロゴマークの変更，キャッチフレーズの制定，社名の変更など具体的な手段で企業のイメージを統合する戦略である。

(119) 2011 年 7 月 24 日ミート・ザ・ワールド・ビート会場にて 40 歳代イベント関係者に聞き取った。また彼によれば，ライブ・エンタテインメントにとって，チケットエージェンシーによる協賛金が資金の 1 つになっている点を指摘している。近年大手コンビニエンスストアがチケットエージェンシーを所有あるいは提携を行っている。その理由として，チケット発券先がコンビニエンスストアであり，各社が対象ライブ・エンタテインメントを先行発売することにより顧客の誘因につながることを挙げている。(インフォーマント 17) 先行発売は，「稀少性」という観点からも注目すべき点であると言えよう。

(120)　インフォーマント 16

(121)　インフォーマント 16

(122)　2011 年 7 月 24 日ミート・ザ・ワールド・ビート会場にて，ご本人の希望により匿名の条件で聞き取った。(インフォーマント 18)

(123)　インフォーマント 16

(124)　2011 年 7 月 24 日ミート・ザ・ワールド・ビート会場にて，20 代会社員女性に聞き取った。(インフォーマント 19)

(125) 2011 年 7 月 24 日ミート・ザ・ワールド・ビート会場にて，20 代男性に聞き取った。(インフォーマント 20)

(126) 2011 年 7 月 24 日ミート・ザ・ワールド・ビートの会場にて，20 代男性に聞き取った。(インフォーマント 21)

(127)　その理由としては，①事前に出演アーティストを告知，②当日その時までオーディエンスに知らされていないアーティストも参入，③（私的なつながりではないにしても）ラジオでの接触を通じての日常性，が挙げられる。

128)　ちなみに 2019 年 5 月 3 および 4 日におこなわれた 21 回目は日野皓正，Shiho などジャズでは市場価値の高い著名なアーティストが参加している。

(129)　主催者がイベント当日配布されたパンフレットの実数より推計。

(130)　飲食店を経営するかたわらイベント実行委員の 40 代男性に 2011 年 5 月 26 日聞き取った。(以下インフォーマント 22)

(131)　インフォーマント 22

入・佐藤 2011)。

(96) インフォーマント 11

(97) 2009年12月9日プロモーターとしての「創り手」に大阪市内にて聞き取り実施。(インフォーマント 12)

(98) イベント協賛において，1社が主となって出資することで，イベントの名前に広告主の名前等が加わる。

(99) インフォーマント 12

(100) 一方北谷賢司は，音楽イベントに関して，「スポンサーシップもバブル華やかなりし時代は億単位の契約が珍しくなく総収入の半分以上がスポンサー料という興業さえあったのだが，その後は，日本企業の業績悪化に伴い，件数，金額共に激減してしまった」ので，「収入の大黒柱はやはりチケット収入であり，グロス売上保証こそが主な予想収入として扱われる。試算例も，収入はチケット売上のみという前提の下で作ってある」(北谷 2007: 104-5) と指摘し，音楽イベントへの協賛の減少により協賛に頼らない動きがあることを示している。

(101) 小川は，「ヘッドフォンやミニコンポでは体験できない圧倒的な音量・音圧に支えられ，ミュージシャンとファンとの一体感を体験する。」(小川 2001: 79) と指摘していて，「夏フェス」における音楽はオーディエンス（観客）が一体感を感じるための装置となるのである。

(102) 永井は，「観衆は，個々のライブを楽しむことよりも，フェスとその雰囲気を楽しむこと，ライブを『見る』ことよりも会場に『いる』ことに重点が置かれている。」(永井 2008: 180-1) と指摘している。本稿「付論」でも詳述しているが，「一体感」は，音楽イベントにおいて観衆が求める表層的要素である。

(103) サンプルとして抽出したのは，複数回参加していて，かつ他の野外フェス（野外音楽イベント）にも参加経験がある男女。

(104) インフォーマント 10

(105) 2009年8月7日　サマーソニック2回目参加の20代男性。(インフォーマント 13)

(106) 2009年8月9日　サマーソニック2回目参加の20代女性。(インフォーマント 14)

(107) 2009年8月9日　サマーソニック7回目参加の40代男性。(インフォーマント 15)

(108) インフォーマント 13

(109) インフォーマント 10

(110) インフォーマント 14

(111) インフォーマント 15

(112) 小川は，ノリに関して，情報誌「ぴあ」の投稿欄の内容分析を通して，「乗る」から「のる」，そして「ノル」，「ノリ」への変容を考察している。「『ノリ』が音楽に乗ると　いう特化したものとして意識されるようになった」(小川 2005: 159) と指

(85) 1999年に，広島で「SETSTOCK」，北海道で「RISING SUN ROCK FES」，大阪で「RUSH BALL」，「HIGHEST MOUNTAIN」，「Augusta Camp」2000年には，茨城県ひたちなかで「ROCK IN JAPAN FES」東京・大阪同時開催の「SUMMER SONIC」，香川で「MONSTER baSH」，静岡で「METAMORPHOSE」が続けざまに開催。ぴあ総研の推計によると，市場規模は2000年の34億円から2008年にはは150億円まで成長した。

(86) 「ぴあ関西版」2009年7月16日号の努髪天（北海道札幌にて結成。なんでもありのアルティメットサウンドを売りにしている）増子直純氏へのインタビューにて「北海道はずっと，お客さんがシャイな土地柄だったんです。それが，ライジングサンが始まったことで変わりましたね。一緒に盛り上がる経験をしたオーディエンスが，『好き勝手に騒いでいいんだ』ということを学んだと思う。オーディエンスと心の距離が縮まったのがすごく嬉しいですね」と語っている。

(87)「ぴあ関西版」2009年7月16日号によれば，アジアンカンフージェネレーションの後藤正文が，「理念がないと単なるレジャーで終わってしまう」と指摘しているように，アーティストも同様の懸念を抱いていることが窺える。ちなみにアジアンカンフージェネレーションは，1996年大学の音楽サークルにて結成された4人組バンド。2001年ごろから渋谷や下北沢などで精力的なライブ活動をする。2005年にはサマーソニックに出演（2013年11月12日アクセス http://www.sonymusic.co.jp 参照）。

(88) 2013年3月15日 アクセス http://trendy.nikkeibp.co.jp/article/pickup/20120912/ 1043199 / 参照。

(89) サマーソニックは，ロンドン近郊で開かれるレディングフェスティバルを手本に，都市型を基本コンセプトにした。

(90) 西田によれば，出演者の充実は旬のロックの潮流を捉えつつ，意外性の要素を織り込むことによって図ることができる。西田は意外性を2方向に弁別していて，一つ目が「多くのロックファンが忘却の彼方に追いやっていたバンドを引っ張り出してくる」（西田 2008: 128），二つ目が「『昔の名前で商売成立します』的な大衆路線バンドを出演させている」（西田 2008: 129）である。

(91) 実地調査した2009年は金土日の 3日開催で，一日券が14，000円（金曜日のみ13，000円）で3日通し券が37，000円。ちなみに2008年は土日の2日間開催で，1日券が14，500円で2日通し券が26，000円。

(92)『FM802スペシャルライブミートザワールドビート』（学習研究社 2004）参照。

(93) 2009年8月7日聞き取り実施。サマーソニック四回目参加の20代男子学生。（インフォーマント10）

(94) 2009年11月25日主催者であるTV局事業局担当者に聞き取り調査実施。第2回から「創り手」として携わっている。ちなみに「創り手」として第1回は毎日放送であったが，第2回以降は撤退。（インフォーマント11）

(95) 宮入と佐藤は，日本の「夏フェス」は1969年のウッドストックから影響を受けているが，ウッドストックにもビジネスとして利用されている側面を指摘している（宮

日付「朝日新聞」によれば,「波の魅力にとりつかれて」というタイトルで，海水浴の外人が持っていたサーフボードを借りたのがきっかけでサーフィンをするようになった夫婦がサーフィンの魅力を語っている。

(71) たとえば，1971年8月17日付「朝日新聞」によれば,「招かざる客サーフィン」というタイトルで，愛知県の赤羽根海岸でサーフィンの競技会が開催される前日に海岸付近でキャンプファイヤーが原因で火事になり，以前からサーファー（サーフィンをする人）に対して不満を抱いていた地元住民の存在が顕在化した。

(72) コノネンコによれば，若者の逸脱したサブカルチャーとしてのイメージが形成され，暴走族やヤンキーに代わる選択肢としてサーフィンがあった。そして，実際にサーフィンをしなくてもファッションとしてサーファー（サーフィンをする人）のファッションをまねるようになった（コノネンコ 2008）。1978年8月8日付「朝日新聞」によれば,「派手なシャツにジーパンをちょん切った半ズボン」をサーフィン・ルックと称し，街中のそこら中でみかけるようになった。百貨店の伊勢丹に取材し，この年から急激に売上が伸びたことが窺える。

(73)『レジャー白書』によれば，サーフィン競技者（ヨット，スキンダイビングなど含む）は，1984年の310万人をさかいに，100万人前後で推移している。

(74) サーフィンによる観光誘致の事例として新島をとりあげた小林勝法らによれば，千葉県，和歌山県，福島県などで地域活性化プランとしてサーフツーリズムに取り組んでいる（小林他 2012）。その原因としては，海岸清掃の活発化やファッション重視から家族でサーフィンをするようになるなど子供も安心してすることができる健全なスポーツとしてなってきたことがあげられる（小長谷 2005）。

(75) 30代男性サーフィン歴13年（インフォーマント5）

(76) 20代男性サーフィン歴7年（インフォーマント6）

(77) 30代男性サーフィン歴13年。(インフォーマント7)

(78) 40代男性サーフィン歴25年（インフォーマント8）

(79) 当日は多忙の為，後日アポイントをとった。サーフショップのオーナーで，50歳代主催者に2009年11月17日店頭にて実施。(インフォーマント9)

(80) 聞き取り調査で，店の中でも非協力的な店も多数あることが確認できた。

(81) インフォーマント9

(82) チクセントミハイによれば，21人の外科医の面接の基づく調査の結果，余暇・自由時間と同様，仕事においても「内発的報酬（intrinsically rewarding)」を獲得することが可能なことが示された（Csikszentmihalyi 1975=2000)。

(83) ライブ・エンタテインメント調査委員会編『2019ライブ・エンタテインメント白書』より直近2018年1年間の参加者のチケット購入のみの実績。

(84) 毛利の定義によれば，DIY文化とは商業化された既存のエンタテインメント産業に依存せずに自分たち自身で自律的に創りだされ，政治と結びついているものの享楽を伴った文化的で能動的な実践である（毛利 2003)。本研究において，DIY型とみなすライブ・エンタテインメントは，毛利の定義に従う。

(55) 2010年9月28日付「日本経済新聞」によれば，広告会社の電通が全国の生活者の参加型スポーツを支援する目的で，地方自治体の地域活性化策と合致したビジネスとして始めている。

(56) 「創り手」にとって「受け手」からのチケット収入は運営上主要な収益源となる。と同時に「創り手」の一要素である選手は，「プロ」なので「観てもらう」ということでより人気を高めていく必要があることは自明であろう。

(57) たとえば2012年2月18日付「毎日新聞」の特集「スポーツを考える」で西原茂樹は，スポーツの娯楽性が日本におけるスポーツ定着の手がかりにとなることを指摘している。

(58) 2013年2月18日付「日本経済新聞」によれば，観光名所など特色のあるマラソンコース設定や特典をつけるなどして参加者を募っている。各地方自治体が地域活性化の期待から開催している。たとえば，第4回いわきサンシャインマラソンでは，東日本大震災で被災した沿岸部などを走れるようにコース設定したところ，前年から参加者が約5割増えている。

(59) 2013年で33回目の開催。メディアとして朝日放送，企業として日本臓器製薬が協賛している（2013年3月6日取得，http://asahi.co.jp/sasayama/ ）。なお篠山市のホームページでも取り上げられていて，行政も一体となった大会である（2013年3月6日取得，http://www.city.sasayama.hyogo.jp/pc/group/shakaikyoiku/abc.html）。

(60) 40歳男性で2013年3月4日聞き取り実施。大阪マラソンに2回連続参加したほか多数マラソン大会に参加している。（インフォーマント1）

(61) 『ソニー生命保険株式会社ディスクロジャー誌2011』によれば，営業社員のことをソニー生命ではライフプランナーという。

(62) 2011年11月18日会場にて，ソニー生命広報部A氏に聞き取った。（インフォーマント2）

(63) インフォーマント2

(64) インフォーマント2

(65) 2011年11月18日に会場にてソニー生命広報部B氏に聞き取った。（インフォーマント3）

(66) 2011年11月18日会場にて準決勝終了後，奈良代表チームの60代女性に聞き取った。（インフォーマント4）

(67) インフォーマント4

(68) インフォーマント2

(69) 街中の至るところで目にするジョギングおよびマラソンの愛好者は，2190万人である。ちなみに一般社団法人日本プロサーフィン連盟の発表によれば約200万人である（2016年4月25日取得，http://www.jpsa.com/org/notice.html）。

(70) A. コノネンコよれば，第二次世界大戦後，サーフィンの経験のあるアメリカ軍の駐留兵士を通じて日本で広まった（コノネンコ 2008）。たとえば1970年7月19

を誇る社会ではないことが浮き彫りとなった。

(46) たとえばウィリアムズによれば，生活者が資本主義社会様式の支配によってさまざまな分野で大きな力をもつようになった (Williams 2002)。

(47) S. ヴェブレンは顕示的閑暇という概念を提示して，余暇・自由時間の本質を検討した (Veblen 1899=1998)。もともと余暇・自由時間は誰にでも均質にある機会ではなく，ある階級以上にのみ与えられた特権であった。それゆえ力（富）の証明となったのである。しかし，産業技術の発達に付随して，多くの生活者が余暇・自由時間の機会をもてるようになり，余暇・自由時間があるというだけでは力（富）の証明にならなくなった。その結果，余暇・自由時間における力の証明として，消費に立脚した見せびらかし＝顕示的閑暇が生じたのである。

(48) たとえば，リアルタイムでTVを介してスポーツ中継が観戦できたとしても，飲食店などでパブリックビューイングする行為などもその場限りの他者とのつながりの実感や一緒に盛り上がるなどの要素を得るための消費行動の一種と言えよう。

(49) 一方で加藤は，生活者の余暇･自由時間における生きがいの欠落を指摘している（加藤 1984）。

(50) ミルズは，「真の余暇のなすべきことは，われわれの注意力をくつろがせ，われわれに，真の自我と創造的経験の能力とをよりよく自覚させることである」(Mills 1963=1971: 279)，「真の余暇は，われわれのより大きな，真の個性を発達させ奨励するものである」(Mills 1963=1971: 279) と余暇・自由時間における生活者の可能性について指摘している。

(51) 「楽しさ」／「快楽」という要素と能動的（自らの意思で選択）／受動的（与えられた機会を享受）という４象限で余暇･自由時間を解釈すると，「快楽」－受動的（暇をつぶす余暇・自由時間)，「快楽」－能動的（暇にならないための余暇・自由時間)，「楽しさ」－能動的（暇ではない余暇・自由時間)，に加えて，日常生活でアプリオリに組み込まれた「構造化された余暇･自由時間」(受動的) かつ「楽しさ (enjoyment)」を形成しうるライブ・エンタテインメントが浮上する。

(52) 巻末資料編にインフォーマント一覧として掲載。

(53) ラポールとは，有斐閣『社会学小事典』によれば，「社会調査にあたって，調査を実施する調査担当者と調査の対象となる被調査者との間に成立する友好的関係」であり，本研究において，単に質問のみ回答した場合はインフォーマントから排除している。

(54) ジャクソンとチクセントミハイによれば，①挑戦課題と技能をともに新たなレベルに引き上げる際のバランス，②しようと考える行為と実際の行為の一致，③目標設定，④目標設定に対する明瞭なフィードバック，⑤目の前の課題への集中，⑥身体をコントロールしている感覚，⑦集中に伴う自我意識の喪失，⑧時間感覚の喪失，⑨行う行為そのものが目的となる，という９要素がスポーツをするときに付随すれば内発的報酬 (intrinsicaly rewarding) を獲得できるのである (Jackson and Csikszentmihalyi 1999=2005)。

(Horkheimer and Adorno 1947=2007: 252) のである。すなわち彼らの批判の矛先は，画一化することによって産業が文化を安易に利用する「創り手」に向けられている。

(38) トインビーによれば，「完全には商品化されていない舞台に演奏者とオーディエンスを引き寄せること」(Toynbee 2000=2004: 97) を特徴にあげている。

(39) トインビーによれば，アーティストが非商業的な原則にこだわりすぎた結果，成功しない例が散見されるなかで，プロト市場のおかげでアーティストはオーディエンスと同じ共同体に属するものとして親近感と相互的な連帯意識を維持できる (Toynbee 2000=2004)。

(40) A. トゥレーヌが社会運動を批判的検討した結果，社会運動が①紛争的かつ文化的に方向づけられる，②権力の奪取をめざす政治的行為ではない，③新たな社会を創りだす行為ではなく，所与の文化的・歴史的場のなかで，alternative な社会を擁護・防衛する行為，であるとした (Touraine 1978=1983)。毛利が事例として挙げているのは，ACT UP (AIDS Coalition to Unleash Power)，サパティスタ民族解放軍，日本で2003年開催されたイラク戦争反対運動である「殺すな」など。「創り手」から与えられる行為ではなく，「受け手」の能動性に留意しているのが特徴である。

(41) たとえば，R. キューベイとチクセントミハイは共同で，さまざまな指標を用いてテレビ視聴の影響を実証実験した (Kubey and Csikszentmihalyi 1990)。その結果テレビ視聴はくつろぎという点では自由時間に貢献する行為だが，人生の成長過程においては時間の浪費になると結論づけられた。何故なら，テレビ視聴の体験を通じて得るものが，山登りといった活動的レジャーや読書などに比べて格段に少ないことが実証されたからである。

(42) 研究社『新英和中辞典第5版』の leisure によれば，日本語のレジャーには余暇を利用して楽しむという意味があるが，leisure 本来の意味ではないのである。Dictionary of contemporary English によれば，leisure は仕事や義務から自由な時間であり，『岩波小辞典社会学』における余暇の定義は，「個人が自由にその過ごし方を選択できる時間」である。一方『社会学小辞典』(有斐閣) によれば，レジャー(leisure) と同義で扱われていて，「生活時間から労働時間と生理的必需時間を差し引いた時間」である。さらに ①疲労からの回復，②ストレスの解消，③人間的な連帯の増進，④自己開発・自己実現，の4つに類型化していて，前者2つが消極的機能，後者2つが積極的機能である。

(43) ここで取り扱う対象は，日本における慣習を規範として生活している生活者である。

(44) 第6版『広辞苑』によれば，高度経済成長期の日本人を外国人が評した語で，「経済的利益のみを追求する人を皮肉っていう語」とある。一方で，多賀敏行によれば，最初にエコノミックアニマルと発言したとされるパキスタンのブット外相 (当時) は侮辱ではない」文脈で述べたものが，日本批判の文脈で捉えられた (多賀 2004)。

(45) 2010年6月11日付「朝日新聞」によれば，朝日新聞の意識調査において GDP が中国に抜かれることが確実視されたなかで，「日本人」の意識形成において，経済力大観衆」と記述されている。しかし，現場に行けない生活者は，街頭テレビを通じて「受け手」となった。1993 年 2 月 19 日付「毎日新聞」によれば，NHK 放送文化研究所の調査で街頭テレビを見たことがある人が 30％に達し，さらにそのなかで 80％がプロレス観戦目的であり，当時プロレスの人気が窺える。

(29) 記事における山下の発言。

(30) C. アンダーソンによれば，2007 年プリンスが CD を新聞の景品としてつけたが，本来見込める CD の売り上げ以上にコンサートのチケット収入が増えた（Anderson 2009=2009）。

(31) 前掲山下の発言。

(32) 2010 年 11 月 13 日付「日本経済新聞」によれば，CD の売上不振により，音楽イベントの 1 〜 2 時間後にそのイベントの内容を録音した CD を販売する例や，音楽専門放送局が，自社運営のライブハウスを開業して放送との相乗効果を図る例など音楽産業が「ライブ」に留意している状況がある。

(33) M. マクルーハンによれば，メディアを「受け手」の感覚的参加という観点から本，新聞，映画のような高度な明確性をもつホット・メディアとテレビ，演劇，漫画のような低度の明確性をもつクール・メディアに弁別し，明確性が低いほど「受け手」の関与は高くなる（Mcluhan 1964=1987; 小川 1988）。

(34) 阿部潔は，メディアと「受け手」の関係性を，スポーツイベントに介在するメディアの「物語」に焦点をあて検討している（阿部 2008）。阿部によれば，スポーツのドキュメンタリー番組において「創り手」と「受け手」の「感動の物語」という「同一性」により，ドキュメンタリー番組で対象とされている選手（あるいは元選手）の「本質」を看過してしまう可能性がある。すなわちメディアの筋書き通りに「受け手」が解釈することにより，批判的解釈という能動性の機会をなくしてしまうのである。

(35) ビレルとロイによれば，テレビ中継が予定されていないスポーツの試合でチケットが完売となったが，テレビ中継されることが決まると，当日チケットを持っているにも関わらず，競技場ではなく，自宅のテレビでその試合を観戦するという現象が起こった（Birrell & Loy 1979=1988）。

(36) ビレルとロイの議論を踏まえて，高橋豪仁はスタジアムでのプロ野球観戦という事例から「受け手」の選択というイベントへの参加形態を検討している（高橋 2011）。高橋によれば，「受け手」は「出来事」というイベントに，（テレビ，新聞，ラジオなど）マスメディアから「物語」を補って参加する。「出来事」と「物語」の循環が日常生活で起こっていて，生活者は，ある時にはイベントに競技場で参加する「受け手」として，またある時にはテレビなどメディアを介した「受け手」としてイベントに参加する。つまり，高橋の議論は多様なメディアを使いこなす「受け手」を示している。

(37) 最初に文化を産業とのかかわりから，批判的に検討をおこなったのは，M. ホルクハイマーと T. W. アドルノである（Horkheimer and Adorno 1947=2007）。彼らによれば，「創り手」が文化を生活者に発信する際，「受け手」となった生活者は，「金儲け目当てにつくられたガラクタを美化するイデオロギーとして利用される」

(17) 2004年結成の4人組バンド。(2011年12月3日アクセス http://www.oricon.co.jp)

(18) このライブ・エンタテインメントの仕掛けをつくったスペースシャワー関西営業所所長山中幹司氏に2011年11月28日にスペースシャワー関西営業所にて聞き取り実施。

(19) 鈴木によれば,「あからさまな『お金儲け』や『宣伝』は嫌われる一方で,コミュニケーションのネタになりさえすれば,企業側の求める文脈を無視して商品が売れることもある」(鈴木 2010: 71) と指摘し,広告主が一方的に生活者にコミュニケーションするのではなく,生活者の能動性に着目していることが窺える。但し,「ユーザーによる自然発生的な口コミに扮して意図的に口コミを増加させる施策を行い,それが企業の操作によるものであることが暴かれ,批判が集中」(池田 2011: 69) というように,口コミに扮して企業が操作することが露見したとたん生活者から批判される。

(20) 第6版『広辞苑』によれば,「遊びごとに関した芸能。謡曲・茶の湯・生花・舞踊・琴・三味線・尺八・笛・香・講談・浪花節・落語・俗謡など」とある。

(21) 関口は江戸時代の商人の教訓集を参照した。

(22) 三宅守常によれば,三条教則は「明治政府による大教宣布の一環として,国民思想の帰一すべき目標に向けて思想善導する役目をになった教導職に与えられた三ケ条より成る箇条項目」(三宅編 2007: 1061) とあり,三宅守常によれば,1884年の教導職廃止に伴い消滅するが,1890年に教育勅語として「日本人」の道徳規範が復活する (三宅編 2007)。

(23) 大阪市が1925年に大規模な余暇に関する調査を実施し,1927年発行された『餘暇生活の研究』によれば,映画がすでに生活者の余暇において中心的な役目を果たしている (氏原編 1970)。

(24) 映画,寄席 (落語,浪速節,浄瑠璃),舞踊,洋楽,相撲など多岐にわたっている。さらに入場料無料の興業もある一定の割合で存在していた (氏原編 1970)。

(25) 「一九二〇年代,三〇年代,四〇年代を通じて,会社の社長も,その会社の建物管理人も,等しく『キング』と呼ばれる大衆雑誌を読んでいました」(鶴見 2001: 110) とあるように,欧米には例を見ない文化の共通性を鶴見は指摘している。

(26) 鶴見も権田の影響を少なからず受けていることが彼の権田の著書に対する書評からも窺える (権田 1974; 鶴見 1976)。鶴見の指摘において,権田の民衆娯楽に対する捉え方は「民衆の生活基調,それとの結びつきについて独自の,相当に積極的なはたらきをもつもの」(鶴見 1976:1016) であり,「娯楽というものが,ただ受身のもの,消極的なものとして捉えられていない」(鶴見 1976: 1017) のである。

(27) 青山貴子によれば,怪盗ジゴマが活躍するというフランス映画『ジゴマ』が1911年浅草で公開されて以来人気を博したが,子供たちへの及ぼす影響を懸念して警視庁が1912年上映禁止に踏み切った (青山 2008)。

(28) たとえば第二次世界大戦後,1954年プロレス放送を観戦した「受け手」。1954年2月20日付「毎日新聞」によれば,「日米プロ・レスリング第一戦」で「荒業にわくろく一般の生活者から寄付を募り，出資額に応じて特典をつけ，約70人から108万円が集まった。一方で北谷賢司は，「スポンサーシップも，バブル華やかなりし時代は億単位の契約が珍しくなく総収入の半分以上がスポンサー料という興業さえあったのだが，その後は，日本企業の業績の悪化に伴い，件数，金額共に激減してしまった」（北谷 2007:104-5）が，現在では主な収入はチケット収入であり，試算の前提がチケット収入であると指摘している（北谷 2007）

(11) たとえば文化庁『平成31年度文化芸術振興費補助金による助成対象活動の決定について』によれば，音楽分野では146件の応募に対して108件が採用されている。金額としては約18億円であるが，すべてクラシックコンサートである（2020年3月9日取得，https://www.ntj.jac.go.jp/assets/files/kikin/joho/h31/20190329_hojyokin.pdf）。朝日新聞をはじめ企業による助成金などでも同様であることが窺える。

(12) 資金難からクラウドファンディングという仕組みでイベントの理念に賛同する生活者からの出資によって運営資金を調達こともある。たとえばラジオ局の企画で，社会貢献をテーマにリスナーから番組企画を公募し選ばれれば，その番組の実現のために資金をインターネット上で集める動きなどがある（並河 2014）。

(13) たとえば，広告研究者・実務者が参加する日本広告学会第47回全国大会の大会テーマは，「広告の社会的意義を考える」である（2020年3月17日取得，http://jaaweb.jp/forum/pdf/tsushin_vol001_20160527.pdf）。生活環境の変化により企業の広告コミュニケーションにおける問題意識が顕在化しだしたことが窺える。

(14) その兆しが，後述する夏の野外音楽イベントサマーソニックで示された。筆者はイベントにおけるチケット料金と市場経済の関係を追究するために2009年11月25日サマーソニック主催者（当時）への聞き取り調査をした。その際インフォーマントより，イベント名の前に企業やブランド名をつける冠協賛を採用することのリスクとして，競合他社排除の観点からこれまで取引していた会社を除外する必要性が示された。

(15) 1980年代に入りスポーツイベントを主催してきたメディア各社が裏方へとまわり，広告主が前面にでる広告コミュニケーションが定着した（難波 2000）。競技場やホールの最初に広告主の名前がつく「ネイミングライツ」，イベントへの商品や機材の協力，出場者個人をサポートすることによってTVカメラで広告主あるいは商品ブランド名の露出などさまざまな手法がある。

(16) 生活者の感情に留意したマーケティング概念としては，「エンゲージメント」という概念で日本の広告会社が独自に展開し，広告コミュニケーションに活用している。たとえば博報堂は「エンゲージメント・リング」というモデルを確立している。博報堂では，「生活主導社会（生活者がメディアと対等以上の関係になったと定義）」において，「心が動く」を軸として，「選択する」・「共有する」・「絆を感じる」という4つの動きによるマーケティングコミュニケーションモデルを開発（2012年3月19日アクセス http://engagement-ring.jp）。

〈注〉

(1)　本研究における「受け手」とは，競技・演技を観る／する生活者である。単に観るだけに留まらず，ライブ･エンタテインメントを生業としていない出演者も「受け手」とする。本研究で「受け手」は，単に観るaudienceではなく，ライブ・エンタテインメントを構成する重要な要素としてparticipantを訳語として充てる。

(2)　「創り手」には，マスメディア，ライブ・エンタテインメントを生業とする出演者，チケットを配給するチケットエージェンシー，イベント会社などのライブ・エンタテインメント産業，出資することで広告コミュニケーションを図る広告主，イベントを仕切るイベントプロモーターなどがあげられる。その他，ライブ・エンタテインメントを主催する地域住民など，提供する側は「創り手」とする。

(3)　2011年版『現代用語の基礎知識』によれば,「エンター（ママ）テインメント」は，娯楽と同義である。

(4)　チケット販売をはじめエンタテインメントに関する事業を幅広く展開するぴあは，チケット販売という観点からライブ・エンタテインメントの消費者市場を2004年から2009年まで『ぴあライブ･エンタテインメント白書』というかたちでまとめてきた。対象とするジャンルは，音楽コンサート，ステージ舞台，映画上映，スポーツ，遊園地・テーマパークの5分野であり，チケット市場という観点からは主なところは網羅されている。

(5)　嶋根によれば，①社会的次元に生じる非日常経験（非日常的な出来事として集合的な記憶に刻み込まれる），②個人的次元に生じる非日常経験（当事者にとっては非日常的な状況であるが，社会的には平凡な出来事）があり，おのおの予測が可能かどうかで弁別できる（嶋根 2001）。

(6)　ライブ・エンタテインメント調査委員会『2019ライブ・エンタテインメント白書』による。市場規模の産出方法は，チケットの売上のみに依拠している。したがって，ライブ・エンタテインメントで派生するグッズ，CD，DVDなどはこの中には含まれていない。

(7)　未然に防ぐ事例として，2010年11月29日付「朝日新聞」の記事は検討に値するものだ。記事によれば，「受け手」からチケット代程度の出資を広く募り，集まりが悪ければ延期になるというものである一方で，実施に至らない例もあり，不安定な形態であるのも事実である。

(8)　文化庁ホームページ参照（2020年3月22日取得，
https://www.bunka.go.jp/seisaku/bunka_gyosei/yosan/pdf/91993601_01.pdf)。

(9)　財務省ホームページ参照（2020年1月15日取得，
https://www.mof.go.jp/budget/budger_workflow/budget/fy2020/sy010905.pdf)。

(10)　新しい動きとして2013年3月1日付「毎日新聞」によれば，原発にまつわるテーマの映画を製作するにあたり，巨額の投資スポンサーは見込めないので，ネットでひ

（著者紹介）
中川 和亮（なかがわ かずあき）
1971 年，大阪生まれ
株式会社大広（現在博報堂 DY ホールディングス）に 12 年間勤務後，
2013 年関西学院大学大学院社会学研究科博士課程後期課程満期退学。
博士（社会学）。
現在，関西学院大学社会学部非常勤講師。
他に，京都外国語大学「サービス戦略論」担当教員，丹波市立看護専門学校
ならびに尼崎健康医療財団看護専門学校「社会学」担当教員，
四條畷学園短期大学「メディア論」担当教員。

ライブ・エンタテインメントの社会学
——イベントにおける『受け手』と『創り手』の関係に着目して ——

2017 年 6 月 15 日 第 1 版第 1 刷発行
2019 年 4 月　5 日 第 1 版第 2 刷発行
2021 年 4 月 15 日 増訂版発行

著　者：中川和亮
発行者：長谷 雅春
発行所：株式会社五絃舎
〒 173-0025　東京都板橋区熊野町 46-7-402
Tel & Fax：03-3957-5587
e-mail：gogensya@db3.so-net.ne.jp
組　版：Office Five Strings
印　刷：モリモト印刷
ISBN978-4-86434-127-1